CUANDO PASAN
Cosas malas en
Matrimonios Buenos

LES Y LESLIE PARROT

EDITORIAL

Vida

DEDICADOS A LA EXCELENCIA

La misión de EDITORIAL VIDA es proporcionar los recursos necesarios a fin de alcanzar a las personas para Jesucristo y ayudarlas a crecer en su fe.

© 2003 EDITORIAL VIDA
Miami, Florida 33166

Publicado en inglés bajo el título:
When Bad Things Happen to Good Marriages

© 2000 por Michelle Akers
Publicado por Zondervan Publishing House

Traducción: *Marcela Robaina*

Edición: *Ricardo Acosta*

Diseño interior: *A&W Publishing Electronic Services, Inc.*

Diseño de cubierta: *Ark Productions*

Reservados todos los derechos

ISBN 0-8297-3527-5

Categoría: Amor/Matrimonio

Impreso en Estados Unidos de América
Printed in the United States of America

04 05 06 07 ❖ 8 7 6 5 4 3

Para Greg y Connie Smith,
una pareja que ha soportado
mucho más que su cuota justa de cosas malas,
y cuyo matrimonio ha salido doblemente robustecido por ello.

ÍNDICE

Solución a problemas de la vida real 7

Reconocimientos 9

Introducción 15

1. Todos los matrimonios comienzan bien 17

2. ¿Por qué todos los buenos matrimonios tropiezan
   con conflictos? 27

3. Tres aspectos buenos que se estropean en algunas
   parejas 49

4. Algo malo que todos los buenos matrimonios
   pueden mejorar 69

5. Seis conflictos que acechan a los buenos matrimonios . . . 87

6. Cuatro aspectos negativos que sacuden
   profundamente a buenos matrimonios 109

7. Cómo lidian los buenos matrimonios
   con las cosas malas 135

8. ¿Por qué a menudo un buen matrimonio nos duele
   en el alma? 159

9. Las bondades de un buen matrimonio 185

WhenBadThingsHappen.com 195

Acerca de los autores 197

Notas 199

SOLUCIÓN A PROBLEMAS DE LA VIDA REAL

A continuación presentamos una lista de algunas historias verdaderas que encontrarán en este libro. Cada historia enfoca el conflicto de una dificultad marital específica, y fue escrita por una pareja valiente que ha fortalecido su matrimonio a pesar de sus dificultades. Ofrecemos estas contribuciones como fuente de inspiración y ejemplo de solución práctica de los problemas.

Cómo superamos las expectativas no satisfechas
       Scott y Debbie Daniels 33

Cómo encontramos tiempo y lugar como pareja con hijos
       Andrea y Chris Fabry 59

Cómo reavivamos el fuego sexual
       Rick y Jennifer Newberg 64

Cómo superamos una mala actitud
       Kevin y Kathy Lunn 82

Cómo domamos el monstruo del ajetreo
       Steve y Thanne Moore 90

Cómo recuperamos la alegría en nuestro matrimonio
       Neil y Marylyn Warren 96

Cómo nos reencontramos después de distanciarnos
       David y Rhonda Olshine 100

Cómo sobrevivimos a las deudas financieras
       Doug y Jana McKinley 103

Cómo encontramos esperanza ante la infertilidad
       Mark y Victoria Eaton 120

Cómo superamos la depresión
    Dennis y Emily Lowe............................ 126

Cómo encontramos gozo con un hijo discapacitado
    Norm y Joyce Wright 128

Cómo tratamos con un hijo rebelde
    Dave y Jan Stoop.............................. 130

*Cómo encontramos perdón después de una aventura
    extramatrimonial*
    Richard y Linda Simons 148

Cómo hemos mantenido nuestro compromiso
    Jeff y Stacy Kemp 154

Cómo aprendimos a hablar el mismo lenguaje espiritual
    Chuck y Barb Snyder 168

Cómo encontramos juntos la voluntad de Dios
    Norm y Bobbe Evans 174

RECONOCIMIENTOS

«Cuando algunos escritores hablan de sus obras, dicen *mi* libro, *mi* comentario o *mi* historia», dijo Pascal. «Les recomiendo que digan nuestro libro, porque por lo general mucho del contenido pertenece más a otras personas que a ellos mismos». Y cuánta razón tiene. El libro que usted sostiene en sus manos es testimonio de ese hecho.

Como siempre, nunca podríamos haber cumplido con este proyecto sin la ayuda y el apoyo de muchas personas, comenzando por nuestros amigos en Zondervan. Desde Bruce Ryskamp y Scott Bolinder, a Sandy Vander Zicht y Lori VandenBosch, a John Topliff, Greg Sielstra y Jessica Westra, a Joyce Ondersma y Jackie Aldridge, a Stan Gundry y todos los demás en el equipo Z, quienes han dado mucho de sí en nuestra visión compartida: Nunca podremos expresar nuestra profunda gratitud hacia todos ustedes. Tenemos el privilegio de conocerlos no solo en su carácter de consumados profesionales sino como amigos cuya compañía disfrutamos plenamente.

Enviamos un primer borrador de este libro a varios lectores y les invitamos a anotar el manuscrito y a hacer sugerencias. Sus ideas nos resultaron invalorables. Por eso estamos sumamente agradecidos a Jim y Nancy Smith, Jeff y Stacy Kemp, Tim y Kerry Dearborn, Greg y Connie Smith, y Scott y Debbie Daniels. La información que ustedes aportaron reafirmó el contenido del libro, convirtiéndose en un proyecto mejor gracias a sus francas contribuciones.

También estamos profundamente agradecidos a las dieciséis parejas que nos permitieron entrar a sus buenos matrimonios para ver y aprender cómo enfrentaron la prueba. Estas parejas tuvieron el valor de mostrarnos cómo enfrentaron dificultades que no teníamos ningún derecho de averiguar, no tuvieron reparo en permitirnos entrar en sus vidas y hogares para que pudiéramos aprender las soluciones reales que encontraron a sus graves problemas matrimoniales. En una página anterior se enumeran estas parejas y sus diversas dificultades.

Jon Anderson aportó a este proyecto su capacidad de investigación. Sus destrezas bibliográficas y su habilidad resultaron invalorables mientras hurgábamos el cúmulo de investigaciones matrimoniales para el libro.

Mindy Galbreath, nuestra asistente administrativa, siempre cumple más allá de sus obligaciones. Su energía y respaldo a nuestros esfuerzos solo son equiparados por Janice Lundquist, nuestra publicista, cuya amistad y capacidad literalmente nos permiten vivir la mayor parte de nuestros días. Las utilizamos más de lo que deberíamos, pero les estamos eternamente agradecidos no solo por cómo nos ayudan a administrar nuestras vidas profesionales, sino también por las maneras en que enriquecen nuestra vida personal.

Nuestros estudiantes, colegas y personal de la facultad, así como la administración de la Universidad del Pacífico en Seattle, nos han brindado un puerto seguro para desarrollar nuestro trabajo. Durante estos años han permitido que nuestro Centro para el Desarrollo de Relaciones se enraizara en la universidad, y creciera de maneras no siempre previstas o tradicionales. Eso es algo nada fácil para una institución académica, lo cual valoramos mucho.

Durante las últimas etapas de nuestra labor en el proyecto, el gobernador y la primera dama de Oklahoma, Frank y Kathy Keating, nos invitaron a ser sus «embajadores matrimoniales», y a participar en su iniciativa estatal a favor del matrimonio. Ha sido un verdadero honor trabajar codo a codo con Jerry Regier, Howard Hendricks, Mary Myrick, JoAnn Eason y el personal calificado, Kendy, Jessic y Josh, así como los colegas de la Universidad del Estado de Oklahoma y muchos otros en este estado que ayudan a buenos matrimonios a lidiar con las dificultades.

Por último, quisiéramos expresar nuestro agradecimiento a las miles de parejas que han participado en nuestros seminarios para matrimonios (Soul Mates Seminars), a lo largo y ancho del país, durante los últimos años. Las historias, las inquietudes y el anhelo de ustedes por ir tras un amor de por vida, han sido el catalizador de este libro. Ustedes son fuente de inspiración. Esperamos que ustedes y otras parejas encuentren en este libro nuevas herramientas para hacer de su matrimonio lo que debería ser.

LES Y LESLIE PARROTT

SEATTLE, WASHINGTON

*Usted puede reconocer un matrimonio bueno,
que ha sobrevivido dificultades, por la expresión de la
mirada de la pareja: es como la de esos marinos que han
luchado juntos contra el mal tiempo.*

PAM BROWN

¿ES ESO TODO?

Ningún matrimonio —no importa cuán bueno sea— es inmune a las cosas malas. Todos sufrimos problemas en nuestra vida privada y, en ocasiones, aprietos en público: la insatisfacción sexual, que lentamente endurece nuestros corazones; las deudas económicas, que nos cubren de vergüenza; la esperanza que se desvanece por la angustia de la infertilidad; la comunicación frustrada, que nos tienta a no intentarlo más; las adicciones que nos arrastran a una vida secreta; los problemas con la ira, que motivan a que nuestros seres queridos nos traten con guante de seda; el dolor personal provocado por un pasado de violencia, que nos impide amar en el presente. La lista podría ser interminable. Las dificultades que afectan un buen matrimonio, tanto grandes como pequeñas, son innumerables.

Dedicamos este libro a todas aquellas parejas que comenzaron a transitar tranquilamente por la senda del amor, hasta que tropezaron con algo inesperado. Es un libro para *todas* las parejas. Porque ¿quién de nosotros puede decir que ha tenido tanta suerte en el amor, que nunca nada ha sacudido la relación? ¿Quién de nosotros ha sido tan habilidoso, tan diestro en el amor, que ha podido evitar las interferencias de cosas malas?

En el mundo no hay nada peor que un mal matrimonio, pero tampoco hay nada mejor que uno bueno. Si le preguntáramos a usted en qué punto de esta escala gradual —de muy malo a muy bueno— se halla su matrimonio, su respuesta probable sería que está más o menos en el medio. Y también es probable que la evaluación de su matrimonio, en algún momento u otro, lo haya llevado a hacerse esa pregunta potencialmente dolorosa acerca de su relación: *¿Es esto todo?*

Esta es una pregunta penetrante; de la clase que, después de mucho pensar, puede llevar a una persona a la acción, para bien o para mal. Es el tipo de pregunta que, sin duda, ha llevado a algunas parejas a sopesar su relación y a preguntarse si lo que invierten en su relación vale la pena respecto de lo que obtienen a cambio. En nuestra opinión, esta pregunta también puede servir como el catalizador que hace reaccionar a un matrimonio estancado en la mediocridad, para conseguir algo mucho mejor de lo que la mayoría de parejas pueda imaginar. Nos referimos a la clase de matrimonio que comenzó bien, porque todos comienzan bien, pero que luego enfrentó algunas cosas malas; unas se colaron sigilosamente sin chistar, y otras eran tan sutiles como una banda militar.

Todos sabemos que los buenos matrimonios deben soportar adversidades. Ese no es el argumento de este libro. Tampoco estamos aquí para decir que el matrimonio es una tarea difícil. Ustedes también saben eso. No vamos a decir que con algo de esfuerzo de su parte podrán proteger su matrimonio de las pruebas en el futuro. Eso es una mentira. Antes bien, en las páginas de este libro deseamos mostrarles cómo lo malo e inevitable de la vida, que puede interponerse entre dos personas que se aman, no tiene por qué dañar el matrimonio. Pretendemos mostrar que lo contrario es cierto: las pruebas son al matrimonio lo que el agua fría al metal candente; lo refuerza, templa y endurece, pero sin destruirlo.

En la práctica le proporcionaremos cinco de las herramientas más importantes que su matrimonio necesita para hacer frente a lo malo. Entre otras cosas, mostraremos algo malo que ustedes pueden rectificar ahora mismo para mejorar su matrimonio. Hemos diseñado dos eficaces secciones de trabajo: una para el esposo y otra para la esposa; con ejercicios diseñados para ayudarles a esforzarse juntos cuando la vida intente separarlos. Mientras ustedes leen cada capítulo de este libro les haremos referencias a series específicas de ejercicios en estas secciones (que se pueden obtener en su librería local). Este método crea una clase de camino de ritmo personal hacia la asimilación y puesta en práctica del mensaje del libro.

CAPÍTULO UNO

TODOS LOS MATRIMONIOS COMIENZAN BIEN

Todo comienzo es hermoso.

PROVERBIO FRANCÉS

Dos días después de nuestra boda en Chicago, Les y yo estábamos acurrucados en una cabaña, rodeados por árboles altos, en la costa pintoresca de Oregon. Una millas más al sur quedaban los famosos médanos de la costa, adonde pensábamos ir de cabalgata en el transcurso de esa semana. Hacia al norte había un pueblo pesquero encantador, donde pensábamos pasar otro día tranquilo, entrar en las tiendas y terminar con una velada en una posada rústica que unos amigos nos habían recomendado. Aparte de eso, no teníamos otros planes para los próximos cinco días, salvo disfrutar de la playa y de cada uno de nosotros, pasara lo que pasara.

Ninguno de los dos pudo haber soñado una escena mejor para nuestra luna de miel. Y eso que no todo salió perfecto. Para empezar, el mismo día de llegada nos quedamos fuera del auto alquilado sin poder entrar. Yo comentaba cómo el sol quería aparecer entre las nubes, cuando Les se percató de que las llaves estaban dentro del auto, y todas las puertas estaban cerradas.

—Quédate en la cabaña —dijo Les, en su primer intento por probar que era el marido que tenía todo bajo control—. Caminaré hasta esa gasolinera en la carretera principal y pediré ayuda.

—Voy contigo —le respondí.

—¿Estás segura? Podría llover.

—Será divertido, ¡vamos!

Caminamos y conversamos los tres o cuatro kilómetros que había hasta un teléfono público, donde acordamos con un cerrajero que vendría a buscarnos y nos llevaría a nuestro auto. Esperamos sentados al costado del camino sin decir nada. Les jugueteaba con una rama que recogió mientras caminábamos cuando me di cuenta que habían pasado varios minutos sin que ninguno de los dos dijera una palabra. Sin embargo, era una calma reconfortante, una clase de silencio elocuente donde estábamos contentos y cómodos sin hablar.

> La pasión no es un buen termostato, es un resorte poderoso.
>
> RALPH WALDO EMERSON

Creo que fue en ese momento, sentados en silencio al borde del camino, al lado de una cabina telefónica, bajo un cielo encapotado, cuando me sentí como encandilada por este pensamiento: había alcanzado el amor verdadero. Lo que yo había estado buscando siempre desde que era lo suficientemente adulta para entender que se podía buscar, estaba ahora en mi posesión. Me había casado con un hombre que me amaba profundamente, de la misma manera que yo lo amaba. Nos habíamos comprometido a amarnos para siempre. Los misterios etéreos del amor ahora se revelaban ante mis propios ojos; sus cualidades elusivas se desvanecían. El amor verdadero no estaba fuera de mi alcance. Más bien, todo lo contrario. Mientras me encontraba ahí, sin hacer nada, el amor envolvía mi ser. No

> Amar a otra persona es quizás, para un ser humano, una de las tareas más difíciles y fundamentales; es el examen final y la evidencia; es la labor por la cual todas las demás labores son meros preparativos.
>
> RAINER MARIE RILKE

estaba aturdida. No era como los efectos embriagadores de las primeras etapas del enamoramiento, cuando una nueva relación nos emociona tanto que se nos nublan los ojos. Hacía siete años que Les y yo salíamos, antes de casarnos e irnos de luna de miel a la costa de Oregon.

El amor que experimenté ese día era diáfano y bien cimentado. No había atardecer en el horizonte ni música de fondo. Se trataba de la realidad, y yo me limitaba a absorberla, disfrutando el silencio y la calma de no tener otro propósito que estar juntos. Marido y mujer. Habíamos creado un matrimonio; y era bueno. Era tan bueno al inicio, que prácticamente pudimos vivirlo; y así lo hicimos, por un tiempo.

¿PODEMOS HACER QUE PERMANEZCA LO BUENO?

Como la mayoría de parejas muy enamoradas, Les y yo aspirábamos a encontrar formas de hacer que nuestro amor perdurara, incluso desde antes de casarnos. Parte de la vehemencia de nuestra visión la originó la lectura de *A Severe Mercy* [Una estricta misericordia], la verdadera historia de amor de Sheldon y Davy Vanauken. Ellos eran dos amantes que no solo habían soñado construir una unión muy profunda y sincera, sino que habían diseñado una estrategia concreta para lograrla, a la cual

> **Qué grandiosas son dos almas humanas que se sientan unidas de por vida, para fortalecerse en toda labor, para apoyarse en el dolor, para ayudarse en todas las penas.**
>
> GEORGE ELIOT

llamaron su «defensa radiante». La meta era hacer invulnerable su amor. El plan era compartir *todo*. ¡Todo! Si a uno de ellos le gustaba algo, decidieron que debía haber algo agradable en eso… y el otro debía descubrirlo. Se tratara de poesía, frutillas o un interés en barcos, Sheldon y Davy se comprometieron a compartir todo lo que les gustara individualmente. Eso les permitiría atar miles de cabos, largos y cortos, que los vincularan entre sí.

Razonaron que al compartir todo tendrían una unión tan estrecha que sería imposible, impensable, que uno u otro pudiera recrear esa intimidad con cualquier otra persona. Creyeron que el secreto de un amor que durara para siempre era compartir absolutamente todo.[1]

Para mantenerse alerta cuidando su «defensa radiante», Sheldon y Davy instauraron lo que denominaron Consejo de Navegación, que consistía en una investigación del estado de su unión. Más de una vez al mes deliberaban sobre su relación, y evaluaban sus actividades formulándose la pregunta: ¿Es esto lo más conveniente para nuestro amor?

Esta es una gran pregunta. ¿Por qué no levantar una «defensa radiante», como lo hicieron Sheldon y Davy? ¿Por qué no crear un escudo para proteger el amor que sentíamos el uno por el otro? A fin de cuentas, ¿quién no ha visto naufragar el espíritu de un matrimonio porque dieron por sentado su amor? El amor en muchas parejas desfallece cuando dejan de hacer cosas juntos, cuando sus intereses son divergentes, y cuando el «nosotros» se transforma en «yo». Incluso antes de casarnos ya habíamos observado cómo una sutil independencia se deslizaba furtivamente en algunos matrimonios, sin el menor aviso previo: cada uno iba a sus respectivas ocupaciones en mundos separados, mientras su alejamiento desgastaba lentamente la unión. ¿Por qué permitir que esto nos sucediera? ¿Por qué no levantar nosotros una «defensa radiante»?

Nos conmovía profundamente algo acerca de protegernos contra la pérdida de la gloria de nuestro amor, como les sucede a todas las parejas poco antes de casarse. Sin embargo, ¿es posible? ¿Tenemos los humanos la capacidad de proteger el amor y mantenerlo alejado del peligro? Si así fuera, ¿es suficiente el amor para sostener un matrimonio? En nuestra opinión, la respuesta es negativa. La historia de los Vanauken así lo demuestra. Sheldon y Davy hicieron todo lo posible por preservar su amor, pero al final, no pudieron. La muerte les arrebató la unión mientras Davy yacía en una cama de hospital.

Lo repetiremos. El amor no puede proteger del peligro a un matrimonio; y el amor, por sí solo, no es suficiente para sostener ni siquiera a la pareja más amorosa.

EL AMOR NO ES SUFICIENTE PARA HACER BUENO UN MATRIMONIO

Difícilmente pasa una semana sin que el cartero en Seattle nos entregue una invitación a una boda. No podemos asistir a todos estos casamientos ya que trabajamos, por medio de clases, seminarios y cursos de orientación, con muchas parejas comprometidas para casarse. Pero cuando concurrimos a una de tales bodas, siempre recordamos qué grandioso es el comienzo de un amor para toda la vida. Uno al lado del otro nos ponemos de pie, y ante amigos y parientes hacemos una declaración acerca de la naturaleza decisiva de nuestro amor y de cómo perdurará toda la vida. Prometemos en ese mismo lugar y momento dedicar el resto de nuestra vida a buscar, descubrir, experimentar, disfrutar y renovar continuamente el amor. Estamos tan convencidos de la índole per-

> **Sin amor, la tierra sería una tumba.**
>
> ROBERT BROWNING

durable de este sublime amor, que nos jugamos la propia vida: prometemos amarnos «hasta que la muerte nos separe».

Sin amor no habría casamiento, y de ningún modo habría matrimonio. El amor es el catalizador del compromiso. El amor permite asegurar que todos los matrimonios comiencen bien. Pero tarde o temprano, todos ellos se toparán con adversidades. Entonces las parejas sinceras descubrirán que el amor, no importa lo bueno que sea, no es suficiente.

Dejemos esto bien claro: todos nos hemos casado confiando en que nuestra unión no sólo sobreviviría sino que prosperaría. Esta confianza se basaba y se reafirmaba en nuestro amor. Pero la otra cara de la moneda es que no podemos proteger completamente nuestro amor de las cosas que lo debilitan (ni siquiera Sheldon y Davy pudieron hacerlo). Aun más, el amor por sí mismo rara vez es tan firme como para apoyar a la pareja cuando inevitablemente atraviese dificultades. Es más, la pérdida del amor es uno de los motivos más planteados para explicar las disoluciones matrimoniales.[2] El amor es un buen catalizador para el matrimonio, pero no es suficiente.

> **No hay relación, comunión o compañía más hermosa, amistosa y encantadora que un buen matrimonio.**
>
> MARTIN LUTHER

Hemos aconsejado a innumerables parejas que se aferran a la noción romántica y sentimental expresada en canciones, películas y novelas de amor. Esta noción lleva a la mayoría de nosotros a un mito marital destructivo que dice: *Con el tiempo, todo lo bueno que hay en esta relación debería mejorar.* Pero la verdad es que no todo mejora. Muchas cosas mejoran gracias al matrimonio, pero otras se tornan más difíciles. Por ejemplo, todas las parejas felices necesariamente sufren pérdidas. Para quienes comienzan, el matrimonio implica aceptar nuevos límites a la independencia personal. Significa abandonar un estilo de vida despreocupado. Aun personas que por años han soñado casarse, y a quienes les resulta inconcebible vivir solas, no pueden dejar de considerar su unión como una invasión a su vida privada y a su independencia. Nadie que haya estado casado alguna vez ha dejado de sorprenderse de la categórica intensidad de esta invasión. Así es que muchos se encuentran de golpe con el primer desafío verdadero a su amor. Pero no será el último.

Como dos soldados cansados que buscan refugio en una fortaleza, todas las parejas se desconciertan de las constantes arremetidas a su vida amorosa. El matrimonio está bajo el continuo bombardeo de circunstancias imprevisibles que nos impiden ser la clase de enamorados que desearíamos ser. Nos separan agendas apretadas y palabras que preferiríamos nunca haber dicho; en resumen, no hemos dado todo lo que el amor exige.

«El amor quiere todo», escribe Mike Mason. «No solo un poquito, o una parte considerable, sino todo».[3] ¡Cuán difícil es dar todo! En realidad, es imposible. Podemos establecer una «defensa radiante», o hacer un gesto simbólico de entregar todo; hasta podemos declararlo de manera dramática en una ceremonia de bodas, pero solo es el comienzo, una mera propuesta de intención. Es solo cuando, como dirían los franceses, dejamos de estar en la «luna de miel» que nuestro amor se pone a prueba. Y nadie, no importa cuán enamorado esté, puede pasar la prueba de dar no solo todo lo que *posee*, sino también todo lo que *es*. De algo podemos estar seguros: no pasaremos la prueba del amor. ¿Por qué? Porque no hay mortal que pueda vivir solo a base de amor romántico.

Maridos y esposas se lastiman con el amor. Sufren adversidades. Sin embargo, a la pareja que sea capaz de aceptar que no todo lo bueno será mejor en el matrimonio, y que maduran juntos en amor, les espera una sor-

> **La vida es dolor, y disfrutar del amor es la anestesia.**
>
> CESARE PAVESE

presa: su matrimonio, aunque zarandeado por una multitud de situaciones difíciles, puede continuar siendo bueno o, por lo menos, encaminarse a ser de nuevo un buen matrimonio.

¿QUÉ HACE BUENO A UN MATRIMONIO?

Hagan esta pregunta a varias personas y sin duda escucharán alguna referencia al amor. Pero pregunten a quienes han reflexionado sobre el tema, a quienes se han dedicado a estudiar e investigarlo, y la respuesta será diferente. Mejor aún, pregunten a parejas estables, a pesar de las dificultades que enfrentaron, y obtendrán la más significativa de todas las respuestas. Eso hicimos, y por eso escribimos este libro. Nos dijeron: *Un buen matrimonio lo construyen dos personas con capacidad de adaptarse a lo malo.* En encuesta tras encuesta, cuando solicitábamos a las parejas que clarificaran sus

> **Quienquiera que ame, cree en lo imposible.**
>
> ELIZABETH BARRETT BROWNING

pensamientos acerca de lo que hace feliz a un matrimonio, esa fue la respuesta que obtuvimos. Cuando les pedíamos que dieran ejemplos concretos para respaldar su respuesta, aprendimos los secretos que guardan estas parejas inteligentes.

Un buen matrimonio consta de... dos personas que asumen responsabilidad de lo bueno y de lo malo. Son una pareja responsable.

Un buen matrimonio consta de... dos personas que creen que el bien triunfa sobre el mal. Son una pareja con esperanza.

Un buen matrimonio consta de... dos personas que se ponen en el lugar del otro. Es una pareja con empatía.

Un buen matrimonio consta de... dos personas que curan las heridas que no se merecen. Es una pareja que perdona.

Un buen matrimonio consta de... dos personas que viven el amor que se prometieron. Es una pareja comprometida.

De todo lo que hemos recabado, estas cinco cualidades (propiedad, esperanza, perdón, empatía y compromiso) son el armamento con que las parejas estables contrarrestan la destrucción que trae lo malo. A estas cinco cualidades dedicamos partes posteriores del libro, y les proporcionamos maneras prácticas de cultivarlas en su propio matrimonio. Sin embargo, antes de llegar allí, es necesario considerar una pregunta importante, la cual persiste en la mente de cualquier pareja que se ha topado con dificultades. Su respuesta determinará cuán bien aprenden ustedes a proteger el amor que mantienen. *¿Por qué pasa lo malo en buenos matrimonios?* Exploraremos posibles respuestas en el siguiente capítulo.

PARA REFLEXIONAR

➤ Cuando ustedes piensan en el inicio de su matrimonio, ¿recuerdan algún momento en que se sintieron «envueltos» por el amor? ¿Cómo describirían esa experiencia? ¿Qué probabilidades hay de que sientan lo mismo posteriormente en su matrimonio?

➤ ¿Se sienten ustedes identificados con Sheldon y Davy Vanauken en su búsqueda de proteger el amor del peligro con una «defensa radiante»? En términos concretos: ¿qué han hecho para proteger el amor que sienten el uno por el otro?

➤ ¿Qué piensan ustedes de la idea de que para superar conflictos, los buenos matrimonios necesitan más que amor? ¿Están de acuerdo? Si es así, ¿por qué? De lo contrario, ¿qué argumentos tienen?

➤ Al comenzar a leer este estudio de buenos matrimonios que enfrentan dificultades, ¿qué expectativas y temores tienen?

CAPÍTULO DOS

¿POR QUÉ TODOS LOS BUENOS MATRIMONIOS TROPIEZAN CON CONFLICTOS?

No pueden haber decepciones profundas
si no hay amor profundo.

MARTIN LUTHER KING, HIJO

Jack y Rose. Dos nombres comunes que el público del cine asocia con el amor, tanto como a Romeo y Julieta; quizás todavía más. El escritor y director James Cameron imaginó esta historia de amor apasionado para su impresionante relato cinematográfico del viaje fatídico del *Titanic*, una de las películas más taquilleras de todas las épocas. Aunque la película empieza con secuencias macabras del mismo trasatlántico hundido, y termina con la reconstrucción de escenas espantosas en que pasajeros se arrojan por la borda —mientras otros se congelan en las aguas heladas del Atlántico—, los espectadores apenas dedicaron una pizca de atención emocional a estas escenas. El desastre era marginal a la historia verdadera que se desarrollaba en la pantalla: la historia de Jack y Rose.

Jack es el joven estadounidense encantador por excelencia, representado por Leonardo DiCaprio. Kate Winslet desempeña el papel de Rose, la belleza impulsiva comprometida en matrimonio con un individuo infame que de seguro desgraciará su vida.

Cuando la Rose de Winslet contempla al Jack de DiCaprio, su fascinación se torna con rapidez en anhelo, y su anhelo en amor, un amor de película. Es un sentimiento en que ninguno de los enamorados descubre (y mucho menos debe tolerar) nada objetable en el otro. El tipo de amor que no existe en la vida real.

Con espléndida ironía, la más romántica de las fantasías tiene como trasfondo una de las tragedias más famosas de la historia. En medio del peligro más funesto, no solo porque el barco se hunde, sino porque el novio desdeñado los persigue a punta de pistola, Jack y Rose aún se aman. Quizás por eso la gente encontró esta historia muy atrayente. Por este motivo principal quizá muchos pagaron por verla dos o tres veces, y luego compraron el video para coleccionistas, a fin de verla en sus hogares. Quizás a esto se debe el éxito comercial de las empresas de cruceros, poco tiempo después del estreno de *Titanic*. Gracias a Jack y Rose, las parejas de todo lugar comenzaron a buscar el amor en alta mar, sin la más mínima preocupación de que el buque pudiera irse a pique. Estas parejas, como todos nosotros, están buscando el tipo de amor que pueda sobrevivir aunque encuentre dificultades, incluso chocar contra un iceberg.

Pero, en fin, este amor no sobrevive ni siquiera en el cuento de hadas cinematográfico. La muerte de Jack le pone fin. Así como la Rose anciana inmersa en sus recuerdos que vemos al final de la película, solo nos queda preguntar: ¿Por qué?

UNA PREGUNTA QUE SE DEBEN HACER TODAS LAS PAREJAS

Para cualquier estudiante de literatura está claro por qué el amor de esta pareja de ficción no tuvo un final feliz. Casi todas las historias de amor más famosas terminan de la misma manera. Por supuesto, Romeo y Julieta es un clásico de este género trágico. También lo son Lancelot y Guinevere. Rhett y Scarlett, en *Lo que el viento se llevó*. Y ahora podemos agregar a Jack y Rose a esta lista. Su amor ardiente se apagó

> **Los cuentos de hadas nos han envenenado.**
>
> ANAÏS NIN

mientras ardía el fuego de su pasión. ¿Por qué? Porque no podía durar. El fuego de la pasión no está hecho para durar. ¿Puede imaginarse a Romeo y a Julieta casados... yendo al trabajo... pagando las cuentas... haciendo las compras? ¿Y a Jack y a Rose? Es casi una incongruencia; o, al menos, la historia de amor pierde bastante de su brillo.

Mucho más difícil es contestar la pregunta que realmente importa: *¿Por qué algunas parejas logran disfrutar amor duradero, a pesar de enfrentar las mismas circunstancias que derrotan a otras?* ¿Ha pensado alguna vez en esto? Resulta evidente para la mayoría de observadores que algunas parejas entran de lleno en una crisis y salen más robustecidas que al principio, mientras que otras enfrentan problemas similares y apenas logran mantenerse unidas. Pero ¿por qué? ¿Es solo que algunas tienen suerte? No es cuestión de suerte, según las parejas que encuestamos. Estas parejas nunca dependieron de que la suerte les ayudara a sobrellevar las dificultades.

¿Cuál es la diferencia, entonces? La respuesta comienza a revelarse al examinar más detenidamente la pregunta. ¿Cómo es posible que los conflictos interfieran con algo tan bueno como el amor y el matrimonio? Nos hemos hecho esta pregunta innumerables veces en años recientes. Muchas parejas cercanas a nosotros han tocado fondo. Una cosa es ver la situación como terapeutas profesionales en un consultorio, pero otra muy distinta es verla entre amigos y parientes. No obstante, hemos visto de primera mano cómo una adicción secreta al alcohol puede hacer trizas la confianza mutua de una pareja. Hemos visto cómo el egocentrismo absoluto de uno de ellos puede erosionar los sentimientos que antes los mantenían unidos. Hemos visto, por lo menos dos veces, cómo un amorío extramarital puede hacer añicos una familia. Y hemos visto matrimonios que se destruyen a sí mismos sin motivo aparente. Todas las veces nos queda poco más que la pregunta: *¿Por qué?* ¿Cómo es posible que algo así pudiera haberles pasado? En ocasiones de análisis profundo, nosotros también nos preguntamos lo mismo.

Así es, las desgracias que sufren las buenas personas no son solo un problema de quienes las padecen. Son un problema para quienquiera que pregunte si lo mismo podría pasarnos. Cuando un matrimonio se rompe nos horrorizamos y no damos crédito a lo que vemos, como si estuviésemos mirando un accidente de tránsito; porque queremos encontrar alguna señal, alguna justificación de lo sucedido a «ellos» y no a «nosotros». Pero después de ver que muchas buenas relaciones de pareja sufren adversidades, la pregunta sigue en pie: ¿Por qué? Como tal vez se trata de la pregunta más importante que podemos hacernos hoy día, la volveremos a formular: ¿Por qué ocurre lo malo en buenos matrimonios?

Nuestra investigación señala por lo menos cinco posibilidades:

1. Algunas parejas idealistas no pueden concretar sus expectativas.
2. Algunas parejas impacientes nunca han reflexionado y examinado sus conciencias.
3. Algunas parejas se contentan con su situación, y no aprovechan ni ejercitan su potencial práctico.
4. Algunas parejas descuidadas tienden a tomar malas decisiones.
5. Algunas parejas no tienen suerte, y deben enfrentarse a circunstancias imprevisibles.

El objetivo de este capítulo es ayudar a identificar las razones de que su matrimonio pueda ser vulnerable a conflictos, para que ustedes mismos puedan contestar la pregunta «¿Por qué habría de pasarnos algo malo?» Más adelante veremos cuál es la mejor manera de sobrellevar las dificultades, pero para comenzar este progreso, es de suma importancia que antes exploremos las causas de la dificultad.

Comencemos, pues, con la razón más evidente de por qué algunas parejas enfrentan conflictos, especialmente aquellas que de alguna manera son idealistas.

PRIMERA CAUSA: EXPECTATIVAS SIN CONCRETAR

Hay un problema único en cualquier buen matrimonio. Es el contagio de expectativas frustradas que lleva a desilusiones graves, por no decir extenuantes. Considere qué le hace experimentar desilusiones. Alguien (concretamente su cónyuge), o algo (a saber, su matrimonio), no está a la altura de sus expectativas. Usted imaginó todo: el modo romántico en que le trataría su cónyuge, cómo le festejaría su cumpleaños y tomarían decisiones juntos, cómo saldrían a cenar, cómo pasarían los fines de sema-

> **Tenemos la imagen del cónyuge perfecto, pero nos casamos con alguien imperfecto. Tenemos, entonces, dos opciones: Destruir esa imagen y aceptar a la persona, o destruir a la persona y aceptar la imagen.**
>
> J. GRANT HOWARD, HIJO

na, o cómo plasmarían cualquiera de las imágenes mentales que usted había soñado. Pero esto nunca se concretó. Sus ilusiones chocaron estrepitosamente contra la realidad. Es posible que usted modificara sus expectativas, o que aun las tenga después de todos estos años.

Eso fue lo que pasó a Kimberly y Will. Llevaban cinco años de casados cuando Kimberly inconscientemente abría una brecha entre ellos al no comprender que se había casado con una ilusión de fabricación propia: un marido que pensara, sintiera y se comportara como ella esperaba.

El problema afloró a la superficie una noche, mientras comían lasaña, un plato que cuando eran novios preparaban juntos.

—¿Estás llorando? —preguntó Will mientras se colocaba la servilleta de papel en el cuello de la camisa.

La única respuesta que obtuvo de Kimberly fue silencio y gimoteos.

—¿Qué pasó? —repitió amablemente Will—. ¿Te sientes bien?

Kimberly aspiró profundamente, como alistándose para sumergirse en algo, y evitó todo contacto visual con Will.

—Tú sabes lo que pasó —dijo.

—No, no lo sé de veras; pero tengo la sensación de que me involucra a mí —contestó Will, intentando controlar su lengua a veces sarcástica—. ¿Qué hice?

—Se trata de lo que no hiciste.

Desconcertado, Will permaneció sentado en silencio, aturdido.

—¿No ves lo que estás comiendo? —preguntó Kimberly.

Temeroso de decir algo malo, Will miró la mesa y, después de una pausa, preguntó:

—¿Lasaña?

—Aún no te das cuenta, ¿verdad?

Will colocó el tenedor sobre la mesa, mudo de asombro, mientras Kimberly se secaba los ojos con una servilleta de papel.

—¡Ah! Estás disgustada porque no preparé la lasaña contigo —dijo Will, como si acabara de resolver uno de esos rompecabezas que se compran en la tienda de juguetes—. Lo siento, Kim, ni siquiera se me ocurrió cuando llegué a casa. Estoy muy absorto en este asunto del trabajo. ¿Por qué no me lo recordaste?

—Esa es la cuestión —dijo Kim—. Si tengo que recordártelo, eso lo arruina todo. Llegas a casa, miras el correo y te vas directo a la computadora.

Kimberly se aferraba a la idea de que Will y ella siempre cocinarían lasaña juntos. Pero, en esta ocasión, como en otras, él se había distraído con otros asuntos y Kimberly se sentía frustrada. Sus aspiraciones no concordaban con las de su esposo. ¿Tenía motivo para estar tan disgustada? Es posible. Will, sabiendo lo importante que esto era para ella, pudo haber sido más considerado. También es posible que Kimberly debió recordar que Will tenía un proyecto urgente en el trabajo. Tal vez la culpa fuera de ambos, o quizás de ninguno.

El caso es que las expectativas, incluso las que parecen no tener importancia, crean problemas cuando no se satisfacen o se acallan continuamente. Muchos erigimos imágenes mentales de casi todas las facetas de nuestra relación: poco realistas, injustas, parcializadas o de cualquier otra clase. Luego concentramos nuestra atención en esas fantasías. Ellas gobiernan nuestras emociones y tienen el potencial de lanzarnos al fracaso, no porque seamos básicamente disparejos sino porque nuestras expectativas son incompatibles y nos llevarán al fracaso. Después de todo, hemos apostado todo a la persona con quien nos casamos. Hemos definido nuestro propio ser en términos de esta elección. A la larga comprendemos que esta persona no es como esperábamos o, al menos, como desearíamos que fuera.

Si aunque solo por un día, usted pudiera sentarse en nuestro consultorio y escuchar sin ser visto las conversaciones que tenemos con parejas heridas, no le restaría importancia al potencial destructivo de las expectativas sin satisfacer. Podría escuchar, por ejemplo, la angustia de un hombre que no pudo satisfacer la aspiración de que su esposa se quedara en casa con los hijos. O podría escuchar a la esposa angustiada contar cómo esperaba que su marido le consultara al tomar una decisión importante, y cómo se enojó cuando él aceptó un trabajo en otro estado sin conversarlo previamente con ella. Usted podría escuchar a un esposo confesar lo decepcionado que estaba con su vida sexual de casado porque sus expectativas no se habían satisfecho. Las expectativas, tanto grandes como pequeñas y realistas como ilógicas, atormentan a un sinnúmero de parejas.

Dejemos esto en claro. Los buenos matrimonios tienen conflictos cuando esperamos que nuestro cónyuge piense, sienta y se comporte como queremos… sin modificar nuestras expectativas con el tiempo. Cuando esto sucede, cada expectativa no satisfecha es como un eslabón de una cadena pesada, que cada vez nos encadena más a un matrimonio infeliz.

Si esta es una de las razones principales que lleva a su matrimonio a sufrir aflicciones, queremos asegurarle que más adelante le brindaremos soluciones a este factor causal común (especialmente en el capítulo 5).

Solución a problemas de la vida real

CÓMO SUPERAMOS LAS EXPECTATIVAS NO SATISFECHAS

Scott y Debbie Daniels
Casados en 1990

Nos dimos cuenta de que teníamos un «problema de expectativas» a las pocas horas de casados. Yo (Debbie) había esperado que nuestra primera mañana estaría llena de momentos tiernos acurrucados en la cama, haciéndonos mimos mientras esperábamos que nos trajeran el desayuno a la habitación. En lugar de eso, me desperté con el sonido de un comercial en la televisión, y mi reciente esposo hablando por teléfono. No pedía el desayuno sino que compraba una costosa colección de tarjetas de béisbol. Yo no podía dar crédito a lo que veía y oía. Pregunté: «¿Qué estás haciendo?» Scott balbuceó algo sobre su gran descubrimiento, mientras yo me cubría con una sábana y me preguntaba si no estaría soñando. No estaba soñando. Durante los tres años siguientes tuve la impresión de que cada día que pasaba era un nuevo desengaño con respecto a nuestra relación.

La experiencia de Scott

Cuando nos casamos no tenía idea de que la cabeza de Debbie estaba tan llena de expectativas románticas. Nunca las comentamos. Creo que ella suponía muchas cosas, y yo también. En realidad, cuando se sorprendió al verme haciendo un pedido de una colección de tarjetas de béisbol aquella mañana, me reí. Yo no veía motivo de preocupación. Simplemente había visto una ganga en televisión mientras esperaba que ella despertara. Estaba profundamente enamorado de Debbie: me enamoré desde el primer día que salimos juntos. Solo que no suponía que debíamos aparentar ser los protagonistas de una película romántica. Después de todo, eso era una fantasía; y esto era la vida real. Por supuesto, ella no pensaba lo mismo.

La experiencia de Debbie

Me crié en una familia uniparental. Nunca vi cómo se relacionaban marido y mujer. Entonces, para compensar mi falta de modelos maritales, tenía fantasías sobre cómo debería ser el matrimonio. Me imaginaba a mi esposo llevándome a la cama en brazos todas las noches, dejándome misivas amorosas en mi cómoda, enviándome flores y escribiéndome poesías. A decir verdad, esperaba que mi marido fuera mi príncipe azul. Soñaba con veladas románticas y palabras dulces susurradas al oído. Pero cuando nos casamos, pronto descubrí que a Scott le interesaban más los marcadores deportivos o jugar al golf que hacer de príncipe azul. Me pregunté si no me habría casado con el hombre equivocado. Después de todo, conocí a Scott al poco tiempo de romper mi compromiso con otro individuo. Quizás me casé con él solo por despecho. Parece que ninguno de sus comportamientos correspondía con lo que yo esperaba de un marido amoroso. Ni en lo más mínimo.

Cómo solucionamos el problema

Creo que podemos señalar el punto clave en que nuestro matrimonio comenzó a mejorar. Llevábamos tres años de casados cuando empezamos a conversar con franqueza y sin reservas sobre nuestras expectativas. No callamos nada. Revisamos nuestra corta historia marital, e hicimos un recuento de cómo y dónde nos habían atrapado nuestras falsas expectativas. Ambos nos amábamos; ese no era el asunto. Acordamos que el problema era cómo cada cual esperaba que se expresara el amor. Le hablé a Scott de mis sueños y él me confesó que sus expresiones de amor eran más «prácticas», para usar sus palabras. Por primera vez dejé de lado mis normas elevadas y escuché a Scott, quien explicó el modo en que me demostraba auténticamente su amor. Eso nos condujo a un proceso de aprendizaje para reconocer en cada uno el lenguaje del amor. Por ejemplo, ahora sé que cuando Scott me llama para asegurarse de que llegué bien a algún lado, o cuando verifica que el coche esté en buenas condiciones antes de que me siente al volante, es su manera de decirme que me valora.

Yo (Scott) he aprendido a valorar el afecto físico. Ahora sé lo que una tarjeta especial puede hacer en el ánimo de Debbie. He aprendido que las rosas son apreciadas, y mucho más cuando se tratan de un lujo que no podemos darnos. En definitiva, ya no tratamos de leer la mente del otro. En realidad, hemos hecho un juego con la lectura mental, en una escala del uno al diez, para ver qué tan exactamente podemos leernos la mente.

Hemos recorrido un largo camino. Todavía tenemos las tarjetas de béisbol que Scott compró de la cadena de televisión en nuestro primer día de matrimonio. Nos reímos cada vez que las miramos. A decir verdad, nunca nos hemos sentido tan felices de estar casados como hoy.

Mensaje para otras parejas

Sean francos y sinceros con respecto a sus expectativas recíprocas. Cuanto más conversen sin reservas sobre ellas, menos posibilidad habrá de que les ocasionen problemas.

SEGUNDA CAUSA: FALTA DE REFLEXIÓN

Pocos habrá que discutan el enorme impacto del filósofo griego Platón, discípulo de Sócrates y maestro de Aristóteles. En sus diálogos ha tratado, aunque superficialmente, casi todos los problemas que luego ocuparon la mente de los filósofos posteriores; sus enseñanzas han sido de las más influyentes en la historia de la civilización occidental, y sus obras se consideran entre las mejores de la literatura mundial. Si usted le pidiera a algún erudito que citara a Platón, seguramente oiría una frase que se ha convertido en su sello característico: «La vida sin reflexión no vale la pena vivirla».

Con toda probabilidad, Platón no tenía el matrimonio en mente cuando hace muchos años dijo estas palabras ahora famosas, pero no podrían ser más pertinentes para las parejas de hoy.

En la mayoría de los matrimonios inmersos en la nube cotidiana de actividades que los rodea, sería loable y poco común hallar este tipo de reflexión personal que exige un examen de conciencia. ¿Cuándo fue la última vez que dedicaron unos momentos para considerar quiénes son en su matrimonio?

Para algunas parejas la falta de auto-examen es la causa original de que sus relaciones tropiecen con dificultades. ¿Cómo puede ser esto? Por la falta de reflexión sobre uno mismo, que provoca dos problemas cruciales que estropean un buen matrimonio.

El primer problema es lo que llamamos el *yo ciego*. Consiste en todo lo que su cónyuge sabe de usted, pero que usted ignora. ¿Se ha encontrado alguna vez en un ambiente público, quizás una fiesta, en que se mancha la cara o le queda un pedazo de comida en el labio

> ## Se necesitan dos piedras para hacer un fuego.
>
> LOUISA MAY ALCOTT

superior? Nos ha pasado a todos. Pero no todos nos harán notar lo que nos pasa. Esto hace avergonzar a la mayoría de las personas, pero no a su cónyuge, quien le avisará lo que pasa y le dirá que hacer. Usted se lo agradecerá. Lo que usted tal vez no valora es cuando su cónyuge hace lo mismo con aquellos problemas personales que usted preferiría no admitir. «Te enojas con mucha facilidad», podría decir su cónyuge. O, «a veces me pareces insensible». *«¿Qué? ¡Cómo te atreves a hacer un comentario sobre mi persona!»* Cuando nuestra pareja pone el dedo en la llaga, enseguida levantamos la guardia y nos ponemos a la defensiva. Es natural. Nos molesta escuchar información sobre nuestro lado oscuro, la parte nuestra que desearíamos que no fuera cierta. Pero esta feliz información es vital para la vida de un buen matrimonio.

Me llevó un tiempo aprender esta lección. Recibir la reacción a mis manías no es mi concepto de pasarla bien. A Les, en cambio, este tipo de situación parece sentarle de maravilla. Más de una vez me ha pillado con la guardia baja, mediante una pregunta sencilla: «¿Qué me haría ser un mejor esposo?» La primera vez que me lo preguntó, pensé que era una broma, pero lo decía en serio. En el transcurso de los años he aprendido de su ejemplo, a veces con mucho dolor. Pero bien vale la pena.

Permítanme un ejemplo sucinto. Considero que sé escuchar bien y atentamente. No solo he recibido entrenamiento avanzado en esta habilidad durante mis estudios, sino que estoy predispuesta por naturaleza a escuchar a mis amigas, parientes y a casi todo el mundo. Pero hace un tiempo, descubrí algo sobre mi estilo de escuchar, que irritaba a algunas personas, y también a Les. «¿Te has dado cuenta cuántas veces terminas la oración que estoy diciendo —me preguntó— y cuántas veces te equivocas cuando lo haces?» ¿Qué? «Sé que lo haces con la mejor de las intenciones —continuó—, pero he notado que lo haces muy a menudo y me resulta molesto». Les me puso ejemplos de cómo pongo palabras en la boca de otra persona para que sepa que estoy atenta, que entiendo lo que él o ella dice. «No me gusta cuando sacas conclusiones acerca de lo que estoy diciendo; parecería que estás impaciente conmigo». Tenía razón. Eran palabras duras, pero Les me mostró una parte de mi «yo ciego», y me ayudó a cambiar mi conducta, y también mi matrimonio, para mejor.

Las personas que prestan atención a la crítica oportuna de su pareja disminuyen sus puntos ciegos. Las que no lo hacen, llevan una vida de negación que acabará por interferir con un buen matrimonio.

El segundo gran problema provocado por una falta de examen de conciencia lo plantea lo que llamamos el *yo oculto*. Consiste en todo lo que usted conoce de sí mismo, pero que su cónyuge desconoce. Todos tenemos un deseo innato y natural de dejarnos conocer, pero lo sofocamos por temor a la vulnerabilidad. Tenemos miedo de resultar demasiado emocionales o de no ser lo suficientemente sensibles, de ser demasiado frontales o de no ser suficientemente directos. En pocas palabras, tenemos miedo al rechazo, incluso de la persona que más nos ama. *Si él conociera mi verdadero yo, nunca me amaría*, nos decimos. ¿Cuál es el resultado? Escondemos partes de nosotros mismos a nuestro cónyuge, para protegernos de este rechazo potencial, ya sea real o imaginario.

Quizás usted se pregunte de qué clase de ocultación hablamos. No se trata tanto de no ser sinceros sino de ser vulnerables. Tal vez esto tenga que ver con cualquier cosa, grande o pequeña. Quizás no le confiesa a su cónyuge que perdió cincuenta dólares cuando hacía las compras, por temor a que piense que es estúpido. No le habla de las dudas que tiene sobre Dios, por temor a que no le entienda. Piensa que su cónyuge le considerará sucio si le cuenta ese secreto sombrío de abuso sexual en la niñez. Cuanto más guarde usted sus secretos, más se encerrará, hasta que usted mismo se esconda partes de sí. Entonces se preguntará por qué su matrimonio está tan mal. Se debe a que su «yo oculto» le impide recibir el amor que anhela.

> Las historias de amor solo sirven para el consuelo de quienes están en la locura de la pubertad.
>
> ALEISTER CROWLEY

Conocemos una pareja, profundamente enamorada, que había estado casada más de doce años cuando ella dejó caer una bomba. A los pocos días de regresar de un viaje a la ciudad donde ella se había criado, su esposo la encontró en la cocina, sentada a la mesa, llorando. Era tarde en la noche. «¿Qué pasa?», le preguntó. Se arrodilló cerca de la silla y ella le pidió que se sentara a la mesa, frente a ella.

«Quiero contarte algo que no sabes de mí», le dijo. El corazón de su esposo latía a mil mientras ella lloraba sin hablar. Él le dio tiempo para que se tranquilizara y pudiera referirle una historia macabra de abuso sexual que había sufrido de niña. En doce años de matrimonio, él había tenido sus sospechas de algo parecido (especialmente cuando veían algunas películas) pero ella nunca le había dicho ni una palabra hasta esa noche. Su secreto estaba bajo llave, escondido en su «yo oculto».

El «yo ciego» nos puede arrastrar a la negación. El «yo oculto» nos puede llevar a la sospecha. Ambos distorsionan la realidad. Cómo no han de tropezar con lo malo los buenos matrimonios, si las personas no reflexionan sobre sí mismas. (En capítulos posteriores, especialmente en el cuatro, veremos más acerca de cómo tratar y cambiar a las personas que no reflexionan.)

TERCERA CAUSA: PAREJAS POCO HÁBILES

Todo matrimonio tiene alguna deficiencia, ya sea administración financiera, tensión sexual, problemas con parientes políticos, desequilibrio en cargas laborales, resolución de conflictos, dificultades de comunicación, ira, deshonestidad, o cualquier otra cosa. Esta deficiencia o debilidad es algo malo que puede arruinar lo bueno de la relación.[1] Si no fuera por este aspecto malo, una pareja podría ver todo lo demás bajo una luz más positiva. Es el proverbio aquel de la manzana de la discordia.

En los últimos años, todos los veranos, por lo general en julio, nos venimos reuniendo con un número de especialistas matrimoniales de todo el país: profesionales que se dedican a entender qué aspectos hacen un buen matrimonio y qué aspectos no lo hacen. Nos sentamos alrededor de mesas de conferencias, conversamos a la hora del almuerzo, nos encontramos informalmente en los corredores. Siempre que nos juntamos, la conversación rápidamente gira en torno al «desarrollo de habilidades». Vez tras vez, estos expertos han descubierto que la mayoría de las parejas podría mejorar en gran manera su matrimonio con solo aprender

> Si el amor ... significa que una persona absorbe a la otra, entonces las relaciones verdaderas ya no existen. El amor se evapora; ya no hay nada que amar. Desaparece la integridad del ser.
>
> ANNIE OAKLEY

una nueva táctica para manejar mejor su deficiencia principal. Las investigaciones respaldan esta afirmación, y la práctica la confirma: Todos necesitamos nuevos métodos para que los matrimonios resulten bien.

La pareja que está en perpetuo conflicto, por ejemplo, podría aprender a manifestar su descontento en lugar de criticar (una sustitución radicalmente muy útil que muchas parejas no conocen), y así disminuir el número de peleas. La pareja que administra mal su dinero podría aprender a implementar un presupuesto que les ayude a reducir el monto de su deuda y a controlar el dinero. La pareja con una vida sexual agonizante podría aprender que quien toma la iniciativa y cómo lo hace, el marido o la mujer, es un factor crítico para reavivar el placer sexual. El punto es que para cualquier carencia hay una nueva técnica que permite superar el problema. Por desgracia, muchas parejas aceptan su situación con demasiada complacencia y no desean esforzarse en aprender y poner en práctica una nueva técnica, que sería determinante para desenvolverse mejor.

Un ejemplo rápido es la «Fórmula X-Y-Z». Literalmente la hemos enseñado a miles de parejas. Justo la semana pasada trabajamos con una pareja que tenía problemas porque cada pequeña crítica que se hacían mutuamente resultaba en una tremenda pelea. Ella hacía un comentario crítico (y a menudo sarcástico) sobre la manera de conducir de su esposo, y él se enojaba. O él decía algo despectivo sobre el tiempo que tardaba ella arreglándose en las mañanas, y ella se enfadaba. Una vez que aprendieron la fórmula X-Y-Z, sin embargo, todo eso cambió. Esta opera de la siguiente manera: en la situación X, cuando haces Y, me siento Z. Por lo tanto, en lugar de hacer un comentario crítico acerca de su manera de conducir, ella aprendió a decir: «Cuando vamos en coche por la calle cuatro, con los niños en la parte trasera, y aceleras para cruzar la bocacalle antes de que cambie la luz, a veces siento que este hecho es más importante para ti que nuestra seguridad». Esta sencilla forma de expresar un descontento disminuye considerablemente la probabilidad de provocar problemas, como lo haría si se dijera: «¡Eres un conductor muy imprudente!» En la situación X, cuando haces Y, me siento Z. Hay literalmente docenas y docenas de habilidades y técnicas de comunicación, similares a esta, que las parejas pueden tener en su caja conyugal de herramientas.

Ustedes podrían estar pensando que no tienen deficiencias. Si es así, ¡posiblemente esta sea su mayor deficiencia! Expresemos esto con claridad y sencillez. Las deficiencias maritales no se mantienen a raya por el simple hecho de hacer algunos ajustes a nuestras expectativas frustradas. Tampoco lo logramos explorando y reflexionando en nuestra persona. Como ya hemos dicho, *todo* matrimonio tiene deficiencias. Estas pueden ser distintas para las diferentes parejas, pero tengan la certeza de que todas las parejas tienen carencias. Lo que no todos los matrimonios tienen es la habilidad de subsanar la deficiencia. En buenos matrimonios pasa lo malo debido a esta tercera causa, posiblemente la más común de todas.

Por lo tanto, si ustedes creen que esta causa es muy pertinente para su matrimonio, no se preocupen. Les aseguramos que en los capítulos siguientes brindaremos algunas de las nuevas técnicas más importantes, necesarias para que su matrimonio se desenvuelva bien a pesar de sus carencias.

CUARTA CAUSA: DECISIONES EQUIVOCADAS

Presten atención: «Siempre estamos en una encrucijada; cada minuto, cada hora, cada día debemos escoger. Elegimos los pensamientos que decidimos pensar, las pasiones que decidimos sentir, y las acciones que decidimos llevar a cabo. Tomamos cada decisión dentro del sistema de valores que elegimos para regir nuestra vida. Al seleccionar ese sistema de valores estamos, de una manera muy eficaz, definiendo la decisión más importante que habremos de tomar». Benjamin Franklin dijo esto, y sus palabras conllevan más sabiduría a los matrimonios de la que él pudo imaginar.

Las decisiones que tomamos son el timón que gobierna nuestro viaje marital. Las buenas decisiones permiten que naveguemos mansamente, sin perder el rumbo. Las malas decisiones nos arrastran hacia las rocas. Todos los días, y en cualquier matrimonio, las parejas toman decisiones que les hacen conservar el rumbo deseado, o que las arrastran a lugares que nunca hubieran deseado ir.

> **A decir verdad, en la actualidad la razón y el amor no hacen buena compañía.**
>
> WILLIAM SHAKESPEARE

Es imposible exagerar la fuerza que tienen nuestras decisiones, aun las más insignificantes, para determinar nuestro camino futuro. Podemos ilustrar este punto con una leyenda acerca de un hombre en la estación de trenes de St. Louis. Por accidente movió unos diez centímetros un pedacito de la vía férrea. Como resultado, el tren que debía llegar a Newark, New Jersey, terminó su recorrido en una estación de Nueva Orleans, Louisiana, a más de dos mil kilómetros del destino original. Trátese o no de una historia falsa, la ilustración clarifica bien el asunto: Nosotros elegimos nuestro destino.

Una de las principales causas de las dificultades en un matrimonio obedece a decisiones equivocadas. A continuación presentamos algunos ejemplos de cómo buenas parejas toman malas decisiones:

La esposa que no le informa a su marido cuánto dinero gastó, al ir recientemente de compras con una amiga.
El esposo que sabe que su agenda de trabajo interfiere con su matrimonio; sin embargo, decide seguir trabajando al mismo ritmo, porque así «se lo exige el puesto».
La esposa que decide usar las relaciones sexuales con su esposo como si fueran una especie de sistema de recompensa, y no una expresión de pasión.

El esposo que decide no mantener a su esposa al tanto de la deuda que se está acumulando en sus tarjetas de crédito.

La esposa que decide confesar a su madre asuntos matrimoniales, cuando sabe que su marido se pondría furioso si se enterara.

El esposo que decide pasar tiempo con sus amigotes, y tal vez verse envuelto en situaciones moralmente comprometedoras, que luego lamentará.

La esposa que decide no expresar lo que realmente piensa cuando su esposo le consulta acerca de la carrera profesional de él.

El esposo que decide gratificarse con un hábito nocivo para su salud, a pesar de las numerosas advertencias de su médico.

La pareja que decide no recurrir a la terapia necesaria para su matrimonio, o que uno de ellos necesita.

En el momento de tomar la decisión, esta puede parecer sin importancia; pero no hay duda de que dirigirá nuestros pasos hacia algo que enriquecerá o empobrecerá nuestra relación. El matrimonio está lleno de cientos de encrucijadas todas las semanas, pero cuando optamos por el camino menos transitado, casi podemos decir que tenemos la garantía de toparnos con menos conflictos.

Además, en otros capítulos analizaremos con mayor detalle las soluciones para recuperarse de las malas decisiones, especialmente en los capítulos 5 y 6. Por el momento, les pedimos que se tomen un tiempo para considerar algunas de las decisiones que tuvieron un fuerte impacto en su matrimonio:

> **Dos caminos se bifurcaban en un bosque, tomé el menos transitado, y eso lo determinó todo.**
>
> ROBERT FROST

Quinta causa: circunstancias imprevisibles

Quizás una pareja pudo resolver todas sus expectativas poco realistas. Tal vez se escucharon y hablaron mutuamente sin reservas. Es posible que aprendieran las técnicas requeridas para subsanar sus principales deficiencias maritales. Y, gracias a Dios, quizás se libraron de tomar decisiones equivocadas. Hicieron todo lo correcto. Pero esto no protege de lo malo a su matrimonio bueno. ¿Por qué? Algunas adversidades golpean un buen matrimonio como un rayo en un día radiante. Cuando usted menos lo espera, ocurre algo que trastorna su matrimonio, por no decir que pone su mundo patas arriba.

Nunca olvidaré la mirada de Ray el día que asomó su cabeza por la puerta de mi oficina, y me pidió que habláramos. Éramos colegas en la misma universidad, y nos conocíamos muy bien como para darme cuenta inmediatamente de que algo andaba mal. Entró, cerró la puerta, y me dijo que su hija Liz, de dieciséis años, se había ido de la casa. Él estaba tan avergonzado que tardó casi dos días antes de notificar a la policía.

—Nancy y yo no lo podemos creer —me confesó—. No sabemos qué sentir… ¿enojo, depresión, angustia?

Le temblaba el labio inferior, y me partía el alma verlo en esa condición.

—¿Qué está pasando entre Nancy y tú? —le pregunté.

—Ni siquiera me habla —Ray rompió a llorar, sus hombros temblaban, las lágrimas fluían—. La noche antes de que Lizzy se fuera tuvimos un roce con ella, porque no quería que yo le fijara una hora determinada para volver a casa. Me enfadé tanto que le ordené regresar una hora antes, solo por despecho.

Ray intentaba ahogar su llanto, mientras yo le alcanzaba una caja de pañuelos de papel.

—¿Así que Nancy piensa que Liz se marchó por tu culpa? —le pregunté.

Ray defendió la reacción de su esposa, él se reprochaba, se culpaba implacablemente. Ese día hice lo mejor que pude para consolar a mi amigo y colega, pero sentí que mi ayuda servía tanto como una curita en una herida abierta.

Pasó otro día más antes de que Liz regresara sana y salva a su hogar; se había quedado en casa de una amiga mientras sus padres estaban fuera de la ciudad. Ray y Nancy estaban aliviados, para expresarlo en pocas palabras. Esperaban que pronto la vida retomara a su cauce normal, pero no fue así. A medida que las semanas se convertían en meses, la actitud de Liz se calmaba; pero Ray y Nancy, que solían ser una pareja muy unida, comenzaron a distanciarse. Tanto, que se asustaron. Entonces Ray volvió a pasar por mi oficina, esta vez para que lo refiriera a un terapeuta matrimonial. Felizmente recibieron la ayuda que necesitaban, y superaron los asuntos que esa crisis familiar había suscitado entre ellos. No todas las parejas tienen tanta suerte cuando deben enfrentar circunstancias desagradables e imprevisibles. Todos conocemos parejas que han sido tan sacudidas por algo malo, que su buen matrimonio queda destrozado para siempre.

En la vida hay demasiadas circunstancias que ponen a prueba la solidez de la pareja: crisis laborales, lesiones graves, divorcio de un amigo cercano, desastres naturales, crímenes en la comunidad que provocan tragedias, abuso de sustancias, infertilidad, hijo o hija rebelde, pérdidas financieras, enfermedades terminales, robos y asaltos, accidentes automovilísticos, cónyuges infieles... la lista continúa. La vida está hasta el tope con situaciones perjudiciales fuera de nuestro control. Mientras algunas parejas parecen controlar mejor que otras su reacción a estas adversidades, pocos logramos evitar el encuentro con ellas en algún punto de nuestro viaje.

> **¿Qué es el romanticismo? Por lo general, es una pequeña historia donde alguien puede tener todo lo que quiere, donde la lluvia no moja su chaqueta, los mosquitos no le pican la nariz, y siempre es época de margaritas en flor.**
>
> D.H. LAWRENCE

Para algunas parejas lo imprevisible de la vida es la causa principal de que su buen matrimonio se precipite en dificultades. Cuando menos lo esperaban, su matrimonio recibe un golpe, como un puñetazo debajo de las costillas, y se queda sin aire.

¿Quién de nosotros puede juzgar el impacto que esto puede tener en su relación?

Dedicaremos el capítulo 6 de este libro a encontrar soluciones a estas sacudidas que hemos experimentado muchos de nosotros.

¿TODO BIEN HASTA AHORA?

Sin duda que ustedes podrían pensar en otros motivos para explicar por qué pasa lo malo a buenos matrimonios. Pero esta lista de cinco causas es suficiente: expectativas no satisfechas, personas sin capacidad de reflexión, parejas sin habilidad, decisiones equivocadas y circunstancias imprevisibles.

Quizás esta lista les permita a ustedes identificar de inmediato la causa principal que podría vulnerar su buen matrimonio. Quizás se den cuenta de que todavía se aferran a expectativas no realistas que les impiden sentirse plenamente satisfechos. Tal vez reconocen la necesidad de reflexionar con seriedad sobre las maneras vehementes en que resguardan su corazón como marido o mujer; o en las maneras cómo ocultan a su cónyuge su verdadero modo de ser. Posiblemente, como muchos otros, ustedes miran lo malo que interfiere con su buen matrimonio, debido a decisiones equivocadas. Y si circunstancias desagradables y fuera de su control los han golpeado duramente, no necesitan que alguien les diga que su matrimonio ha recibido una tremenda sacudida.

Quizás, en su caso, una de estas causas es más aplicable que las otras, o tal vez ninguna de ellas corresponde a su caso. Independientemente de las causas que motivan conflictos en buenos matrimonios, dedicaremos el resto del libro a ayudarles a sacar el máximo provecho a un matrimonio estable, aun cuando se topen con adversidades.

PARA REFLEXIONAR

➤ ¿Están ustedes de acuerdo con que estas cinco razones (expectativas no satisfechas, personas sin capacidad de reflexión, parejas sin habilidad, decisiones equivocadas y circunstancias
imprevisibles) son las causas principales de conflictos matrimoniales? ¿Qué otras causas podrían agregar?

➤ ¿Se aferran ustedes a expectativas no realistas que pueden
traer dificultades a su matrimonio? ¿Cuáles son? ¿Cómo
cambiaron estas expectativas en el transcurso de los años de
su relación?

➤ ¿Han identificado ustedes su principal carencia conyugal?
¿Cuál es? ¿Qué están haciendo para que esta no se convierta
en un problema?

➤ Casi todos tomamos decisiones equivocadas que afectan
nuestro matrimonio. Cuando ustedes reflexionan en el pasado de su relación ¿qué decisiones les gustaría tener la oportunidad de tomar nuevamente, y por qué?

TRES ASPECTOS BUENOS QUE SE ESTROPEAN EN ALGUNAS PAREJAS

*Los cambios, negativos o positivos,
pueden sacudir una relación.*

NORMAN EPSTEIN

Anoche regresamos a casa después de unas vacaciones en Hawai. Fue nuestra primera gran escapada, únicamente nosotros dos, en dos años, desde el nacimiento de nuestro bebé. Habíamos planificado y previsto este viaje durante casi un año. Todo estaba definido: cada detalle, incluyendo las reservas para un coche convertible de alquiler y una habitación en un hotel sobre la playa. Nuestro equipaje estaba repleto con ropa de playa, lentes de sol y protector solar. Aun antes de despegar nuestro avión de la pista de la lluviosa ciudad de Seattle, ya saboreábamos la piña y la papaya, oíamos las melodías musicales de las islas, y sentíamos la tibia brisa tropical. Adiós al invierno; nuestro destino era el paraíso. Eso creíamos.

Con una sola palabra el piloto del avión cambió el curso de nuestras vacaciones antes de aterrizar en Hawai: «lluvia». Un frente frío cubría las islas, lo cual significaba lluvia. No del tipo de lluvia que levemente salpica las costas hawaianas por unos pocos minutos durante las tardes. Tampoco esa lluvia que lentamente descargan los cielos encapotados del noroeste del Pacífico por una horas. Llegamos a Hawai durante uno de los peores aguaceros torrenciales continuos que allí habían visto en meses. La clase de lluvia que provoca inundaciones instantáneas y vuelve intransitable las rutas, ni qué hablar de la gran frustración.

—Mira esto —dijo Les, sosteniendo una hoja de papel que alguien deslizara de modo subrepticio por debajo de la puerta de nuestra habitación al poco tiempo de llegar—. Según este papel, no podemos dejar el establecimiento debido a los peligros de inundación.

—No hablas en serio —dije sin poder hacer nada.

—Además —continuó leyendo con asombro—, el restaurante principal permanecerá cerrado, porque el clima no permite abastecerse de alimentos.

¿Qué? Esto no puede pasarnos, me dije. *¿Qué sucederá con nuestras emocionantes excursiones? ¿Nuestras cenas románticas? ¿Dónde está el sol y la felicidad paradisíaca?*

Esa tarde, sentados en nuestra habitación del hotel, viendo por televisión las noticias locales, y comiendo costosas golosinas del minibar del hotel, creí entender lo que el autor Eric Hoffer quiso decir al manifestar: «La desilusión es un tipo de bancarrota, bancarrota de un alma que gasta demasiado en expectativas». Todas nuestras esperanzas y nuestro dinero caían literalmente en picada. Nuestro entusiasmo se nos deslizaba de entre las manos. Nos sentíamos en bancarrota.

> **Prometimos esforzarnos para vivir juntos, no porque pensáramos que las cosas entre nosotros no cambiarían, sino porque sabemos que cambiarán.**
>
> ERIC ZORN

Nunca nos imaginamos que el viaje resultaría de esta manera. Nada salió como lo habíamos previsto. La desilusión acabó con nuestra alegría. Intentamos buscar el lado positivo de esta situación (nunca olvidaremos las risas histéricas mientras nadábamos bajo una lluvia torrencial en la piscina), pero esta buena idea se truncó antes de comenzar.

Toda la situación parecía representar a nuestro matrimonio en un microcosmos. No del todo, pero sí con respecto a lo que no salió como habíamos esperado. Es más, todos los matrimonios encuentran cosas buenas que se estropean. Como unas vacaciones arruinadas, algunas frustraciones nos golpean en el momento más imprevisible y el lugar menos probable. Nos encontramos en condiciones que parecerían ser las mejores, y nos preguntamos por qué no es así. En eso consiste la desilusión, que nos lleva a examinar nuestro matrimonio para ver si el problema radica en la relación, no solo en las circunstancias.

En este capítulo analizaremos tres de las condiciones más previsibles en un matrimonio, que llevan a las parejas a sacar conclusiones erróneas acerca del estado de su relación, debido solo a circunstancias desilusionadoras. Empezaremos por considerar cómo la intimidad que siempre deseamos puede convertirse en una invasión de nuestra vida privada. Luego prestaremos atención a cómo el milagro del nacimiento de un bebé puede acabar con la magia de un matrimonio. Por último, terminaremos viendo cómo las relaciones sexuales en el matrimonio pueden parecer inexistentes.

Como una fruta demasiado madura, cada una de estas situaciones comenzó bien pero, por una serie de factores, se estropearon. Sin embargo, no nos interesan tanto los motivos como las soluciones que damos. A continuación, entonces, los tres aspectos buenos que casi siempre se estropean en las parejas.

CUANDO LA INTIMIDAD SE CONVIERTE EN INVASIÓN

Robert Louis Stevenson nos advirtió: «Con el casamiento introducimos voluntariamente un testigo en nuestra vida ... y ya no podemos cerrar los ojos mentales a lo desagradable, sino que debemos afrontarlo y tomar acción». ¿Por qué? Porque si no lo hacemos nosotros, lo hará nuestro cónyuge.

El casamiento es la unión más íntima que puede darse entre dos personas. No hay una unión mayor, legal, social, emocional o física. Esta relación asombrosamente cercana es lo que nos impulsa al matrimonio. Anhelamos pertenecer a alguien más, que nos conozca y nos ame como nadie en el mundo. Esta clase de intimidad es el combustible que da energía al matrimonio, y permite que las parejas trasciendan y exploren el universo del amor. Sin intimidad, la vida sería horriblemente fría y solitaria. Entonces nos zambullimos al matrimonio y entregamos nuestro corazón a cambio de otro, para descubrir la más profunda y radical expresión de vínculo humano posible.

A la larga, sin embargo, las parejas veteranas en estas lides también descubren que esta intimidad podría ser agotadora. Arrastra nuestra propia identidad a la vorágine de otra vida humana, y nos deja casi sin aire para respirar. La intimidad parece dejarnos sin dónde escondernos. Ese es el punto que Robert Louis Stevenson quiere señalar cuando dice que el matrimonio introduce voluntariamente un testigo en nuestra vida. Nos somete a la humillación de que se conozca toda nuestra falsedad y orgullo, toda nuestra fragilidad, además de la oscuridad de nuestro pecado. ¿A quién le interesa, en realidad, que otro lo conozca *muy* bien? ¿Quién quiere vivir bajo la lupa de este examen minucioso y bajo vigilancia? Sin embargo, este es el precio que el matrimonio cobra a la intimidad: estar bajo el foco de nuestro cónyuge.

Quizás para algunos lo más inquietante del matrimonio es que arrasa con las defensas y aumenta la vulnerabilidad. Nadie puede hacer frente a las demandas cotidianas de la intimidad sin salir herido. Mientras que en la mayoría de las relaciones podemos a veces esconder o cuidar nuestra vulnerabilidad, el matrimonio nos despoja de toda protección contra nuestro cónyuge, porque le hemos franqueado la entrada a nuestro santuario interior. En virtud de ser compañeros del alma, él o ella han sido testigos de nuestra alma sin tapujos. Por eso puede ver a través de nuestras máscaras y fachadas, y leer la más sutil de las fluctuaciones de ánimo y de pensamiento, aunque intentemos mantenerlas ocultas. En esos momentos usted puede sentir que la intimidad ha ido demasiado lejos, que se ha convertido en invasión.

El matrimonio implica rendirnos cuentas unos a otros, y esta responsabilidad es tanto la mejor como la peor parte del matrimonio. Nos mantiene cuerdos. También nos vuelve locos. Por lo tanto, si las bondades de la intimidad corren el riesgo de estropearse en su matrimonio, consideren los siguientes consejos prácticos.

Primero, fíjense en la información personal que su compañero o compañera tiene de usted que lo hace sentirse vulnerable. Es del tipo de información que prefiere que nadie más se entere. Es la información que no desea que se use en su contra en caso de conflicto. Como la intimidad nos vuelve tan potencialmente vulnerables, debemos dejar bien en claro con nuestra pareja que algunas cosas están prohibidas: por ejemplo, el ridículo que sufrimos en la niñez, o la difícil relación que tenemos en la actualidad con uno de nuestros padres. Que esta información se use en nuestra contra, sería como un golpe bajo.

> **No se asfixien entre sí. Nadie puede crecer a la sombra.**
>
> LEO BUSCAGLIA

Cuando la intimidad se convierte en invasión, también es una buena idea delimitar nuestro espacio personal. Por ejemplo: al final de un día largo y de mucha tensión, tal vez usted reconozca que necesita un tiempo a solas, para descomprimirse antes de comenzar a interactuar con su pareja. Puede ser más fácil de lo que imagina. Tenemos un amigo que, de regreso a su casa, a menudo entra en una tienda Wal-Mart dos días a la semana. Con esto no se pone al día en las compras; descubrió que se distiende si camina unos minutos por los pasillos antes de llegar a casa. Después de mucho estrés en el trabajo, esto le ayuda a poner la mente en neutro y recobrar fuerzas antes de saludar a su esposa. Como él expresó con claridad su necesidad de tener ese tiempo, ella lo entendió y se da cuenta del cambio que han producido estas excursiones a Wal-Mart.

Además de poner límites a nuestro tiempo personal y a nuestros asuntos íntimos, el matrimonio también se beneficia con límites de propiedad. Son límites para que nuestro cónyuge sepa que puede usar nuestras prendas deportivas, pero no el cepillo de dientes. O que puede leer nuestras revistas, pero no nuestro correo electrónico. Si tiene objetos personales que no quiere que otros usen, desde las estampillas en su cajón del escritorio a lo que lleva en su cartera, marque límites de propiedad. Será beneficioso para ambos. Conocemos a una mujer que le daba asco que su marido tomara la leche directamente de la caja que guardaba en la refrigeradora. Ahora él tiene su propia caja claramente identificada que nadie más toca.

> **Nos han unido, no nos han injertado. Aunque nuestros pasos se entrecruzan, cada uno baila su propio son.**
>
> LUCI SHAW

Además de estas sugerencias prácticas, queremos llamarle la atención a una idea final, que le permitirá ponerlas en práctica. *La intimidad no exige estar de acuerdo*. Para algunos esto puede parecer obvio, pero para quienes han confundido ambos conceptos, no está de más decirlo. Algunas parejas piensan erróneamente que la verdadera intimidad implica entregar su individualidad y sus propios pensamientos y sentimientos particulares. Este desconcierto que consiste en fusionar dos identidades llevó a Ruth Graham, la esposa del evangelista Billy Grahan, a afirmar: «Si estuviéramos de acuerdo en todo, uno de los dos sobraría».

El amor genuino siempre distingue entre uno mismo y el cónyuge; valora la independencia, sabiendo que el otro nunca puede ser una extensión de nuestra persona. Por eso, a menudo pedimos a cada miembro de la pareja que aconsejamos que nos digan cuál es el propósito y la función de su cónyuge. Cuando definen el propósito de su pareja con referencia a sí mismos («ella tiene que preparar mi cena y mantener la casa limpia» o «él debe tener un empleo y asegurarse de que no me falte nada»), sabemos el trabajo que debemos hacer para ayudar a esta pareja a superar sus problemas. ¿Por qué? Porque deben aprender que cada uno ha de cumplir con su destino propio e independiente, además de ser una pareja. Deben aprender que el propósito y la función de su cónyuge es cumplir con el diseño de Dios para cada uno. Deben aprender que la independencia que todavía no han aprendido a valorar enriquecerá su unión.

Poco tiempo después de casarnos e irnos a vivir a Los Ángeles, nuestro amigo James Scott Smith nos regaló una colección con las poesías de Kahlil Gibran.[1] Allí encontramos las famosas palabras que Gibran escribió con respecto a la invasión de la intimidad en el matrimonio. Ahora que llevamos unos cuantos años de casados, estas palabras tienen mucho más sentido.

> Dejen que haya espacios en su unidad.
> Y dejen que los vientos de los cielos dancen entre
>   ustedes.
> Ámense el uno al otro, pero no hagan del amor una
>   atadura:
> dejen más bien que haya un mar meciéndose entre las
>   orillas de sus almas.
> Llénense mutuamente las copas, pero no beban de
>   una sola copa.
> Compartan sus panes, pero no coman del mismo pan.
> Canten y dancen juntos y estén gozosos, pero
>   permítanse la soledad,
> como hasta las cuerdas de un laúd están solas aunque
>   vibren con la misma música.

CUANDO LOS BEBÉS SE CONVIERTEN EN UNA CARGA

Si hubo alguna vez un marido y una mujer listos para convertirse en padre y madre, fueron Kevin y Judy. Con el primer hijo en camino, se podía palpar el entusiasmo que tenían. Prepararon el cuarto del bebé hasta con una pila bien ordenada de pañales, se enrolaron en los cursos de preparto Lamaze, y leyeron todos los libros que pudieron sobre el tema. Tarde en la noche se recostaban en la cama y conversaban sobre su futuro al tener un hijo. De lo que no se percataron fue de que además de dar a luz un nuevo ser humano, estaban dando a luz un nuevo matrimonio. Preparados o no, estaban a punto de ser absorbidos por una enorme fuerza que los

> **Un buen matrimonio es aquel que da cabida al cambio y al crecimiento individual.**
>
> PEARL BUCK

lanzaría por un túnel, del que saldrían cambiados. Todos los padres y las madres han tenido que pasar por eso.

Cuando se tiene un hijo, usted sigue siendo usted, pero ahora, en el papel de madre o padre, es una nueva versión de sí mismo. Y estamos en el centro de una nueva versión de nuestro matrimonio. Que quede esto bien claro: el nacimiento de cualquier niño marca una alteración sustancial y permanente en nuestro matrimonio. La alteración, por supuesto, es profundamente enriquecedora, por no decir milagrosa; pero para la mayoría de parejas también es bastante confusa cuando esto no es un claro desafío.

Estudios muestran que poco tiempo después de la llegada del bebé, los conflictos se multiplican por ocho, el matrimonio se relega al último lugar, las mujeres se sienten sobrecargadas, y los hombres hechos a un lado. Para cuando el bebé cumple su primer año, la mayoría de las madres no se sienten felices en su matrimonio, y algunas se preguntan si este sobrevivirá. Las disoluciones conyugales como consecuencia de un bebé no son extrañas. Con la ayuda de investigadores como John Gottman, de la Universidad de Washington, estos son los datos que tenemos. En el año subsiguiente a la llegada del primer bebé, el setenta por ciento de las mujeres experimentan una caída en picada de su satisfacción marital. Para los maridos, la insatisfacción aparece con posterioridad, como una reacción a la infelicidad de su mujer.[2] Los problemas tienen poco que ver con el hecho de que el bebé tenga cólicos o duerma bien, o que la madre trabaje fuera o dentro de casa. Simplemente tienen que ver con el hecho de que un nuevo ingrediente cambia toda la dinámica hogareña.

¿Cómo puede algo tan bueno como un pequeño bebé estropear tanto un matrimonio? Podríamos señalar una amplia gama de motivos: falta de descanso, sensación de agobio y poco aprecio, la tremenda responsabilidad de cuidar de una criaturita indefensa, malabarismos con ocupaciones y estrés económico, y falta de tiempo personal, entre otros. La raíz del asunto, sin embargo, no es tan misteriosa. En pocas palabras: los niños roban un tiempo y atención que antes dedicábamos al matrimonio. Absorben todas las horas del día y ocupan todas las neuronas libres que se encuentran en nuestra mente. Ser padres es maravilloso, solo que de algún modo u otro, ahora ser compañeros es... distinto. «Antes de tener hijos me encantaba oír la voz de mi esposo en el teléfono», dice Judy, que tiene unos años de ser madre. «Ahora, después de un día de reuniones y llamadas telefónicas, de turnos para llevar a los niños al colegio, y de húmedos trajes de baño, me pregunto: ¿Quién es este individuo que parece querer comida, atención y —debe ser broma— tener relaciones sexuales?»

¿No parece romántico?

Por supuesto que no. Pero la falta de romanticismo y de vínculo no es inevitable en esta fase del matrimonio. El hecho es que ese individuo que hojea el correo, sin darse cuenta de los gritos del bebé, es su compañero. Esa mujer que antes le hacía masajes en la espalda, y que ahora está lavando los pomos de la puerta porque se mancharon con mantequilla

> **Los seres humanos podemos sobrevivir a las circunstancias más difíciles, si no nos obligan a enfrentarlas solos.**
>
> JAMES DOBSON

de maní, es su alma gemela. Algún día recordarán este período con cariño, pero solo si ambos logran que esta bondad no se estropee. Los expertos tienen una sugerencia básica: expandir la noción de «yo», para que la de «nosotros» incluya ahora a sus hijos.

La maternidad trae consigo una cuna llena de nuevos sentimientos. La madre nunca ha tenido un amor tan intenso y desinteresado como el que siente hacia su hijo. Casi siempre adquiere un sentido nuevo y profundo de la vida. Descubre que está dispuesta a hacer sacrificios enormes por su hijo. «La experiencia le altera tanto la vida» dice John Gottman, «que si su marido no la acompaña, es comprensible que se distancien».[3] La clave, entonces, para que un buen matrimonio siga siendo bueno, mientras las mamás experimentan una transformación intensamente maravillosa, es que los papás transiten por lo mismo. En otras palabras, la felicidad marital está íntimamente relacionada con el hecho de que tanto esposo como esposa experimenten juntos su transformación en padres. De lo contrario, él se quedará rezagado y suspirando por el viejo «nosotros», mientras su mujer ha incorporado un nuevo sentido a «nosotros», lo cual ahora incluye a su hijo.

El nuevo padre a menudo resiente el poco tiempo que su mujer tiene para él (especialmente en su vida sexual) ahora que tienen un bebé. Toma a mal que siempre esté cansada. Ama a su hijo, pero quiere que su esposa sea la mujer de antes. ¿Qué debe hacer el marido? Dejar de lamentarse y aventurarse junto a ella en ese nuevo ambiente. Tiene que convertirse en padre además de marido. Debe cultivar sentimientos de orgullo, ternura y protección hacia sus hijos. En otras palabras, es necesario que vea su viaje a la paternidad como una importante señal y oportunidad de crecimiento personal.

Toda la responsabilidad para que un buen matrimonio navegue por los canales desconocidos de la paternidad no descansa únicamente en el marido. Es común que la nueva madre resienta la falta de romanticismo emocional de parte del esposo. *Cambió*, podría pensar. *Está más distante*. En realidad, los esfuerzos de él por adoptar el nuevo «nosotros» quizás desvíen parte de la energía que antes daba al antiguo romanticismo. Mientras más expectativas románticas tuviera ella antes de nacer el bebé, más sentirá la pérdida cuando su ocupado esposo parezca no involucrarse.

Si a usted le hicieron creer que las parejas felices deben ser románticas, podría lamentar mucho más de lo que debe la pérdida del romanticismo. Diría: «Pero es muy poco lo que pido. Solo un ramo de flores de vez en cuando, para saber que se acuerda de mí». Si usted le da al romanticismo más importancia que la que merece, puede preocuparse aun más y pensar: «Quizás ya no le intereso». El problema que tienen los padres con esta clase de razonamiento radica en cómo definen el romanticismo. Solemos creer que es debilitamiento de rodillas, fuertes latidos del corazón, y temblores de tierra que ocurren con nuestro cónyuge. Sin embargo, ¿acaso es realista esperar este hechizo durante la maternidad? Tal vez, pero no con la intensidad que lo disfrutaba antes de que llegaran los niños. Un paseo a la luz de la luna con su recién adquirido marido, por ejemplo, es totalmente distinto de ese mismo paseo seis años más tarde, cuando usted lucha porque sus hijos se acuesten, el fregadero está lleno de platos sucios, y aun hay montones de ropa por lavar. El romanticismo no tiene por qué terminar con la paternidad, pero quizás deba adoptar una forma nueva mientras su marido se esfuerza por encontrar su lugar como padre.

En resumen: en su nuevo papel de madres y padres ambos deben cumplir su función para que el matrimonio prospere. Los papás deben esforzarse por entrar al mundo nuevo de la mujer, y las madres necesitan hacerle lugar al marido. Pero ambos deben expandir la noción de «yo» a la de «nosotros».

Solución a problemas de la vida real

CÓMO ENCONTRAMOS TIEMPO Y LUGAR COMO PAREJA CON HIJOS

Chris y Andrea Fabry
Casados en 1982

Si alguien sabe lo que significa que los hijos cambien un matrimonio, somos nosotros. Tenemos ocho hijos, cuyas edades van de los dieciocho meses a los quince años, y a veces sentimos como si dejáramos de ser pareja para poder ser padres. Caímos en esa trampa desde el principio. Al nacer nuestro primer hijo en 1985, la tensión fue en aumento, especialmente para mí (Andrea). De pronto, Chris no parecía compartir la carga, y yo sentía que la maternidad estaba consumiendo mis necesidades y deseos como esposa.

La experiencia de Chris

Sabía que algo no estaba bien después del nacimiento de nuestro primer bebé, pero traté de reírme y no tomar demasiado en serio la situación estresante. Minimizaba cualquier preocupación que Andrea planteara con respecto a nuestro matrimonio. Creía que se trataba de una fase por la que atraviesan los nuevos padres, y no le presté demasiada atención. Cuando discutíamos, simplemente quería demostrarle que yo tenía razón.

Cuantos más hijos teníamos, más intenso se volvía el dolor emocional de Andrea. Llegó un momento en que ya no pude soportar más. Todo lo que yo decía estaba mal.

La experiencia de Andrea

Con el nacimiento de nuestro primer hijo emergieron todos
los asuntos desagradables de nuestra relación. De pronto sentí
como si en lugar de un hijo en nuestra casa hubiera dos. La irres-
ponsabilidad de mi marido me estaba volviendo loca. Me deses-
peraba por encontrar ayuda para salvar mi matrimonio. Necesitaba tiempo para estar los dos solos. Necesitaba que Chris madurara
y fuera un padre además de un marido. Necesitaba auxilio.

Cómo solucionamos el problema

Ocultar las frustraciones maritales debajo de la alfombra no
resultaba ni para mí ni para Chris ni para los chicos. Yo
(Andrea) comencé a ir a terapia y aprendí un principio que
transformó el matrimonio: debía dejar de tener miedo y hablar
sin rodeos acerca de mis necesidades. Eso fue lo que hice. Le
planteé mis deseos a mi marido. Le dije a Chris que necesitaba
encontrar un equilibrio en mi vida, entre ser esposa y madre. Lo
enfrenté con su inmadurez. Le manifesté que sentía que lo estaba criando como si fuera otro hijo. Le dije que la maternidad me
estaba consumiendo. Necesitaba otro jugador en el equipo, un
adulto, un padre además de un esposo.

Cuando me di cuenta (Chris) de lo absurdo que era no cumplir mi parte correspondiente con mis hijos y con nuestro matrimonio, comencé a ir a terapia con Andrea. Entonces empecé a
considerar la situación conyugal como un problema «nuestro» y
no «de ella». Con el tiempo reconocí que mucho del problema
era «mío». Trabajamos juntos para romper los patrones conflic-
tivos de nuestra relación.

Hasta el día de hoy sigo teniendo (Andrea) presente cómo
podría criar a mi marido. Le planteo mis necesidades. Le ayudo
a ser la clase de marido que él quiere ser.

Durante el año pasado tengo (Chris) un amigo a quien le in-
formo cómo me desenvuelvo como padre y como marido. También tengo notas en mi escritorio para no olvidarme, y tenemos

noches reservadas para que Andrea y yo seamos marido y mujer, no solo mamá y papá.

Mensaje para otras parejas

Amen a sus hijos y ámense tanto uno al otro que deban poner límites para proteger su matrimonio.

CUANDO LAS RELACIONES SEXUALES SE VUELVEN ALGO DEL PASADO

—Querida, ¿vienes ya a la cama? —gritó Robert a su mujer mientras se metía entre las sábanas.

—Mmm, dentro de un ratito —le contestó Cindy.

Traducción: «¿Quieres hacer el amor?» Respuesta: «Ni lo sueñes».

El diálogo era de lo más corriente, pero esta vez tenía un toque de tensión amenazadora que lo diferenciaba de cientos de otros episodios similares de invitación y rechazo que habían vivido en el pasado. Cuando Cindy finalmente se acostó, Robert todavía estaba despierto y lleno de frustración.

—Todas las noches tenemos la misma rutina —dijo con irritación—. ¿Volveremos a hacer el amor alguna vez?

Cindy sacó a relucir sus argumentos habituales de que estaba agotada después de un día de correr detrás de dos pequeñuelos, pero esta vez se paró en seco. Estaba completamente fatigada por años de conflicto, culpa y un abrumador sentido de incapacidad que impregnaba su falta de interés en las relaciones sexuales. Giró para ponerse de espaldas a Robert, y puso los ojos en blanco mientras murmuraba:

—No me importa si no lo vuelvo a hacer nunca más.

Del otro lado de la cama, Robert yacía en silencio, hirviendo de ira y frustración.

¿Cómo puede un matrimonio llegar a esto? Había comenzado de manera muy distinta. Al principio Robert y Cindy sentían gran atracción mutua. Reservar las relaciones sexuales para su noche de bodas exacerbó su deseo. Después de su casamiento, hacían el amor con frecuencia y apasionadamente. Durante esos primeros años, Robert y Cindy eran tan completamente compatibles en el ámbito erótico como cualquier pareja desea ser. ¿Qué había pasado? ¿Qué hizo que la sexualidad desapareciera de sus vidas?

Ellos se parecen a varias parejas casadas cuya vida sexual comenzó bien, y que en algún momento se estropeó. Los investigadores tienen dificultad para computar la cantidad de «callejones sin salida» sexuales que hostigan a los matrimonios. Pero si una pareja tiene problemas en la cama, no es mucho consuelo saber que no son los únicos. Vayamos pues a la solución.

Comencemos por abandonar el ciclo de culpa y vergüenza que sabotea a muchas parejas polarizadas desde el punto de vista sexual. Cuando por lo general el hombre, aunque no siempre, está más interesado que la mujer en tener relaciones sexuales, es fácil caer en la trampa de culpar a la esposa por no estar suficientemente motivada. Y es fácil que ella sienta vergüenza porque perdió el interés. La incapacidad aprieta sus tornillos cada vez más con cada episodio de culpabilidad, aunque se la exprese con mucha sutileza. La mujer siente que debe haber algo mal en ella, porque no puede estar a la par de la libido «normal» de su marido, porque no puede colmar las expectativas fundamentales de su compromiso, porque repetidas veces no puede responder al deseo encendido que su compañero tiene hacia ella. Entonces su sentido de incapacidad puede trasferirse a él, quien puede sentirse profundamente no deseado por la falta de deseo de su esposa. Por eso este ciclo de sabotaje únicamente puede romperse cuando ambas partes admiten que no conocen el «problema» del otro, por lo tanto, cada uno no puede culpar al otro por no conformarse a su propia libido y tiempos.

En términos más prácticos: una de las mejores manera de evitar el ciclo de culpa y vergüenza es reconocer que el estancamiento sexual no es algo contra el propio individuo. Investigaciones revelan que la biología, especialmente la química neuronal que regula los niveles hormonales de cada persona, es responsable de la motivación sexual; más de lo que se había creído. Lo que puede parecer un problema de sexualidad ocasionado por la relación, probablemente no lo sea. La reconocida terapeuta sexual Patricia Love en su libro *Hot Monogamy* [Monogamia ardiente] dice: «Es completamente posible amar mucho a una persona y no sentirse sexualmente atraído hacia ella».[4] En otras palabras, el rechazo sexual de la mujer no es necesariamente una manera de castigar a su marido. Es probable que no esté «reprimiendo» la sexualidad para tener poder sobre él. Quizás tenga mucho más que ver con su falta de testosterona. Pero tenemos buenas noticias: aunque la configuración hormonal de las personas pueda ser un factor contribuyente a la diferencia natural de la libido, es absolutamente posible desarrollar un vínculo sexual que satisfaga a ambos con suficiente tiempo y esfuerzo.

Después de trabajar como profesional con gran cantidad de parejas que sufren una brecha tajante en cuanto al deseo, y después de trabajar en lo personal para mantener la pasión encendida en nuestro propio matrimonio, comprendemos la miseria íntima de una pareja como Robert y Cindy. También entendemos que su sexualidad solo puede prosperar si le brindan la oportunidad con plena conciencia. Este proceso se pone en marcha cuando cada uno le expresa al otro el tipo de actividad emocional y sexual que más los apasiona y satisface. Para Robert podrían ser sesiones periódicas de relaciones sexuales, que le permitieran desahogase físicamente y sentir que Cindy quiere complacerlo. Para Cindy, podría ser que su marido le diera regularmente masajes lentos, que culminarían o no con coito, según como se sintiera.

> Sé de algunos buenos matrimonios, matrimonios donde ambos simplemente tratan de hacer sus días más llevaderos, ayudándose y complaciéndose mutuamente.
>
> ERICA JONG

Este intercambio de ideas puede revelar que los deseos de su pareja son muy ajenos a sus propios impulsos. Sin embargo, hablar de ellos profundizará gradualmente el entendimiento mutuo, y les conducirá a experimentar una pasión que es distinta a la de cada uno, pero absolutamente válida. Esto permitirá a las parejas adquirir la capacidad de esforzarse y responder a las necesidades del otro. No estamos diciendo que el resultado será un despliegue de fragor sexual sino, más realísticamente, una novedosa sensación de intimidad y confianza mutua que puede energizar un vínculo erótico y emocional. Será el comienzo de un proceso beneficioso que les permitirá tener mejores relaciones sexuales, donde los dos tengan más posibilidad de lograr lo que desean.

Solución a problemas de la vida real

CÓMO REAVIVAMOS EL FUEGO SEXUAL

Rick y Jennifer Newberg
Casados desde 1981

La luna de miel no pudo haber sido mejor. El viaje a las Bahamas fue estupendo, así como la vida sexual. Es más, siguió siendo estupenda durante todo el primer año de casados. Teníamos relaciones sexuales por lo menos dos veces a la semana. En el segundo año de casados disminuyó un poco la frecuencia, pero mientras la cantidad bajó, la calidad subió. A los tres años de casados tuvimos nuestro primer bebé, y entonces sí nuestra vida sexual tuvo un descenso, y nunca se recuperó. Después de diez años de estar casados, casi ni pensábamos en nuestra vida sexual, y mucho menos hacíamos algo al respecto. Nos tomábamos unas «vacaciones sensuales» de vez en cuando y, si teníamos suerte, alguna que otra experiencia aislada aquí o allá. Decir que nuestro fuego sexual se estaba apagando era poco. Más bien se había extinguido.

La experiencia de Rick

Como la mayoría de los individuos, tener relaciones sexuales es importante para mí. Recuerdo que durante nuestro primer año de matrimonio creía ser el hombre con más suerte sobre la tierra, al tener una vida sexual tan fenomenal con mi esposa. Pero después del nacimiento de nuestro primer bebé, me pareció que Jennifer perdió todo interés en la sexualidad. Cuando yo intentaba acariciarla románticamente, a menudo me mandaba a pasear. Si se lo pedía sin rodeos, me decía que yo era muy directo. Recuerdo que una vez le compré un lindo camisón que terminó en un cajón de la cómoda: nunca más lo vi. En aquellas raras ocasiones en que teníamos relaciones sexuales, me parecía que Jennifer me estaba haciendo un favor. Estaba confundido. ¿Cómo algo que había sido tan fenomenal podría terminar estropeándose de esa manera?

La experiencia de Jennifer

Después de casarnos, recuerdo que estaba bien involucrada en nuestra vida sexual. Quería que fuera buena, no solo para Rick sino también para mí. Éramos creativos y siempre lo disfruté. Pero cuando comenzamos a tener hijos algo cambió dentro de mí. Toda mi concentración y mi energía emocional y física la volcaba en los niños. No quedaba mucho para Rick, especialmente en la cama. La mayor parte de los días estaba agotada, y cuando me sobraba un poquitito de energía no tenía ganas de usarla en la cama. Casi nunca podía leer un libro en serio o disfrutar de alguna cosa que solo fuera para mí. Me sentía culpable por no tener muchas relaciones sexuales con Rick. Y cuanto más tiempo pasábamos sin tener relaciones sexuales, más difícil era hacerlo.

Cómo solucionamos el problema

Hace unos seis años nuestra vida sexual dio un giro positivo. Estábamos de vacaciones, y Jennifer leía un libro sobre el matrimonio. Sentada al costado de la piscina, me preguntó qué cambiaría yo si pudiera cambiar algo en nuestro matrimonio. Mi respuesta fue inmediata: mejorar nuestra vida sexual. Su pregunta fue el detonador de una conversación que nos llevó a un plan de acción para mejorar este aspecto. Ambos sabíamos que la sexualidad estaba en déficit en nuestra relación, y por primera vez en mucho tiempo yo (Jennifer) deseaba que esto fuera una prioridad. Sabía que era algo importante en el matrimonio, y que nos estábamos perdiendo algo grandioso.

Esto es lo que hicimos. Primero, conversamos acerca de nuestras expectativas y de lo que cada uno quería obtener de nuestra sexualidad (fuimos específicos). Segundo, literalmente fijamos fechas en el calendario para compartir juntos una noche apasionada. Esto no fue tan formal como parece. Nuestras «citas» comenzaron a ser algo que esperábamos con impaciencia. Tercero, empezamos a disfrutar interludios espontáneos de vez en cuando, que eran rápidos y divertidos (a veces durante el descanso del mediodía). Cuarto, compramos una cerradura para la puerta de nuestro dormitorio, y así nos aseguramos de que tarde en la noche no entrara ningún niño pidiendo un vaso de agua (esto era muy importante para Jennifer). Quinto, gastamos un poco de dinero en ropa interior sensual. Y por último, leímos algunos libros acerca de cómo mejorar la vida sexual, entre ellos *52 Ways to Have Fun, Fantastic Sex* [52 maneras de tener relaciones sexuales divertidas y fantásticas], de Cliff y Joyce Penner. La conjunción de todo esto ha contribuido a devolver la llama a nuestra vida sexual, y de esto ya han transcurrido casi diez años.

Mensaje para otras parejas

No teman fijar una hora para hacer el amor. Pueden acabar siendo las mejores citas que hayan tenido.

UN PENSAMIENTO MÁS

Bien, hemos hablado sobre los tres aspectos conyugales buenos más comunes que corren el riesgo de estropearse. Antes de terminar este capítulo, sin embargo, tenemos la obligación de hacer notar que el objetivo no es dejarlos con la idea de que es posible mantener un matrimonio «perfecto», donde siempre sea posible evitar que lo bueno se deteriore. Esto sucederá a pesar de todas las medidas que se tomen. Es parte del paquete que viene con el matrimonio. Difícilmente encontrarán una pareja que pueda mantener una relación bien equilibrada en lo bueno, y mantener a raya lo malo. Todo este asunto da por sentado una premisa que todavía no hemos considerado: ¿Qué es razonable esperar de un matrimonio?

El finado siquiatra británico D.W. Winnicott propuso la idea de «cuidados maternos suficientemente buenos».[5] Él estaba convencido de que estos cuidados nunca pueden ser perfectos, debido a las necesidades propias de la madre. Los «cuidados

maternos suficientemente buenos» se refieren al cuidado emocional adecuado, pero imperfec-
to, que damos en la crianza de
un niño sano. En esta misma línea, creemos que en el matrimonio hay un grado de imper-
fección suficientemente bueno
para vivir y madurar. En matri-

> **Un matrimonio dichoso no es un regalo, es un logro.**
>
> ANN LANDERS

monios estables ocurren encuentros dolorosos y varias frustraciones, pero se compensan con la fuerza y los placeres de la relación. En otras palabras, habrá suficientes aspectos positivos para
compensar los negativos. Bastante bueno.

Esta norma es fundamentalmente subjetiva, pero hay al menos un criterio objetivo común. Para que ambos miembros del
matrimonio se sientan satisfechos deben contar con suficiente
compañerismo, afecto, autonomía, unión e independencia. En
otras palabras, si uno de los dos está descontento con la relación,
el matrimonio no es suficientemente bueno, y debe mejorar.

¿Qué ganamos con esta perspectiva de «suficientemente bueno»? Pues bien, las parejas que procuran tener un matrimonio
con estas características tienden a ser más felices que las que buscan la perfección. Con eso ya es suficiente.

PARA REFLEXIONAR

➤ ¿Pueden ustedes recordar una experiencia que anhelaban con gran expectativa y que no resultó como la habían previsto? ¿Qué pasó? ¿Cómo enfrentaron el cambio sorpresivo de acontecimientos?

➤ Casi todos conocemos la experiencia de sentirnos un poco agobiados por nuestro cónyuge. Cuando la intimidad se convierte en invasión, ¿qué hacen ustedes para arreglárselas, y qué podrían hacer para mejorarla?

➤ Si ustedes han tenido un bebé, ¿qué impacto ha significado esto en su relación para bien o para mal? ¿Creen que se trata de una etapa conyugal que la mayoría de parejas puede mejorar, o creen que simplemente deben esperar hasta que pase y su matrimonio encuentre un nuevo equilibrio?

➤ Es poco común encontrar una pareja que no haya tenido dificultades en su vida sexual. ¿Cómo calificarían ustedes sus problemas en una escala de uno a diez? Si deben mejorarla, ¿qué aspecto específico pueden hacer ambos para mejorarla?

CAPÍTULO CUATRO

ALGO MALO QUE TODOS LOS BUENOS MATRIMONIOS PUEDEN MEJORAR

*¿Cuál es la diferencia entre un obstáculo
y una oportunidad? Nuestra actitud.
Todas las oportunidades tienen una dificultad
y todas las dificultades tienen una oportunidad.*

J. SIDLOW BAXTER

Nunca habíamos ido a una fiesta de bodas mejor que esta. Todos los presentes, todos los ciento y pico de invitados, todavía hablan de ella muchos años después. El lomo de carne de res estaba cocido en su punto justo. El pastel y los dulces eran sabrosos y espléndidos. Las flores eran hermosas. La orquesta de doce músicos estuvo excepcional, así como la soberbia vista panorámica del salón del baile del hotel. Todo parecía perfecto. Lo único que faltaba era la boda.

Una semana antes la novia se había arrepentido. No se trataba de ningún desastre ni secretos ocultos que salían a la luz. Sencillamente, quería postergar el casamiento por un tiempo, para estar segura de no equivocarse. El novio aceptó a regañadientes. Al llamar al fotógrafo, al coro de la iglesia y a otros para cancelar la ceremonia, descubrieron que era demasiado tarde para cancelar las flores y la orquesta. Entonces los novios, junto con los padres de la novia, decidieron, en un gesto que debe ser el más grandioso en la historia de las bodas, que seguirían adelante con la fiesta. A los invitados se les avisó que la boda se suspendía, pero la fiesta no.

El acontecimiento fue típico de una elegante fiesta de bodas, salvo por la madre de la novia, que tenía un gran sentido del humor y mandó imprimir nuevas servilletas con la inscripción «Desafiamos la ley de Murphy»; la diversión siguió su curso sin percance.

Algunos invitados no pudieron dejar de cuestionar el mensaje de la madre en las servilletas. Preguntaban: «¿No deberían estas decir: "Definimos la ley de Murphy"?» Otros encontraron graciosa la inscripción, un festejo de cómo sacar partido de una mala situación. La diferencia de opiniones radicaba en la actitud de cada cual. Lo que algunos consideraban una definición de todo lo que puede salir mal, otros lo consideraban una postura para hacerle frente.

> **No hagan de sus pensamientos una prisión.**
>
> WILLIAM SHAKESPEARE

La actitud. La actitud de dos personas frente a la misma situación puede ser determinante en el matrimonio. Lo que uno ve con preocupación, al otro lo entusiasma: la diferencia está en la actitud. Pocas cosas hay más nocivas para una pareja que un buen matrimonio impregnado de mala actitud. Por eso, dedicaremos todo un capítulo a considerar este aspecto negativo que cualquier matrimonio estable puede superar.

¿Cómo nos atrevemos a decir que todas las parejas deben mejorar su coeficiente de actitud? Porque las actitudes tienen un impacto en cada uno de los problemas conyugales que enfrenta la pareja. Independientemente de la deficiencia, dificultad o crisis conyugal, sus actitudes impregnarán el problema para bien o para mal. No es exagerado decir que nuestra actitud puede forjar o destruir la calidad del matrimonio.

Comenzaremos por recalcar, con la mayor claridad posible, la fuerza irrefutable de las actitudes en el matrimonio. Mostraremos cómo la actitud es el activo marital más importante; cómo le puede ayudar a usted a trascender las circunstancias más extremas. A continuación le guiaremos paso a paso hacia el desarrollo de una actitud triunfadora, aunque parezca que el matrimonio se convierte en el perdedor. Por último, les revelaremos la señal más firme, el punto delimitador, de una buena actitud en el matrimonio.

EL ACTIVO MATRIMONIAL MÁS IMPORTANTE

«¿No es esa la verdad?», preguntó Leslie mientras esperábamos en el auto que las luces del semáforo cambiaran. Ella se refería a una calcomanía en el auto delante de nosotros, que decía: «La desgracia es una opción».

Y claro que lo es. Si hoy usted se siente desgraciado, posiblemente pueda decir qué circunstancias lo llevaron a sentirse así. Puede ser que su tristeza sea justificada. Pero, si nos permite la impertinencia, está equivocado. Las circunstancias no provocaron tanta tristeza como la actitud que usted decidió adoptar como respuesta.

El pastor Chuck Swindoll escribió: «Mientras más vivo, más cuenta me doy del impacto que tiene la actitud en la vida. A mi entender, la actitud es más importante que los hechos. Es más importante que el pasado, la educación, el dinero, las circunstancias, los fracasos y los éxitos, lo que otros piensan, dicen y hacen. Es más importante que la apariencia física, la inteligencia y las habilidades».

Él continuó diciendo que lo más asombroso de la vida es poder elegir la actitud que debemos adoptar todos los días del año. Dijo: «No podemos cambiar nuestro pasado. Tampoco podemos cambiar el hecho de que las personas actúen de determinada manera. Ni podemos cambiar lo inevitable». Luego, Swindoll plantea esta asombrosa afirmación:

> Estoy convencido de que la vida es diez por ciento lo que me pasa, y noventa por ciento cómo reacciono ante ella. Lo mismo se aplica a nosotros: tenemos el control de nuestras actitudes.
>
> CHUCK SWINDOLL

«Lo único que podemos hacer es aprovechar lo que podemos cambiar: nuestra actitud».[1]

Las parejas felices no tienen un cúmulo de circunstancias, sino un determinado acervo de actitudes. Es tentador, sin duda, quejarse de nuestras circunstancias (o del cónyuge) cuando no se ajustan a lo que queremos, pero la queja solo complica el asunto. Nunca he escuchado a una pareja decir: «El momento crucial en nuestra relación fue cuando aprendimos a quejarnos y culparnos». El destino de la pareja no estará determinado por las quejas, sino por la decisión que dos individuos tomen de evitar cualquier cosa que los tiente a quejarse, aunque se trate de ellos mismos.

Una de las historias de la vida que más me han inspirado es la de Víctor Frankl, un sobreviviente de los campos de concentración. Yo (Les) leí su historia por primera vez cuando asistí a la universidad. A pesar del tratamiento indescriptible al que lo sometió la Gestapo de Hitler, Frankl hizo una declaración que nunca he podido olvidar: «Hay algo de lo que no me pueden despojar: la manera en que decida reaccionar ante lo que ustedes me hacen. La última de las libertades es elegir la actitud en cualquier circunstancia dada».[2] Si esto era cierto en la desgracia de las condiciones inhumanas de Frankl, mucho más cierto lo será en la peor de las desgracias que puede suponer un matrimonio. Nadie puede despojarnos de la libertad de elegir nuestra actitud, cualquiera que sean las circunstancias. Por eso, especialmente en el matrimonio, la desgracia es una opción.

Lo que una buena actitud puede hacer al matrimonio

No es casualidad que algunas parejas vivan en armonía y felicidad mientras otras, en el mismo vecindario, con recursos económicos similares, asistiendo a la misma iglesia, tienen matrimonios marcados por la discordia y las dificultades. No es casualidad que algunas parejas parezcan tomar con calma todo lo que la vida les depara, superando las penas, mientras otras con desventajas semejantes acaban oprimidas por sentimientos de culpa y resentimiento. No es casualidad que algunas parejas puedan mantener vivo lo bueno del matrimonio, mientras otras se preguntan si valdrá la pena el esfuerzo.

La razón de la discrepancia no es cuestión de buena o mala suerte. Tampoco tiene que ver con la capacidad de resolver problemas o la habilidad de comunicarse. Sin duda, la actitud hace que algunas parejas saquen el máximo provecho al matrimonio, y que otras apenas logren mantenerlo a flote.

Si usted desea saber cuál es el principio de una actitud para tener un matrimonio desgraciado, hay una ley de Murphy que lo expresa sucintamente: «Nada es tan fácil como parece; todo tarda más de lo previsto; y si algo puede salir mal, saldrá mal y en el momento menos oportuno».

> **Usted se encuentra a solo un pensamiento de distancia de un buen sentimiento.**
>
> SHEILA KRYSTAL

Las parejas felices se rigen por otra ley: «Nada es tan difícil como parece; todo es más agradable de lo previsto; y si algo puede salir bien, saldrá bien y en el mejor momento».

Si esto le parece demasiado optimista, es porque lo es. Las actitudes positivas permiten que el optimismo franquee las dos puertas del matrimonio, para que pueda realizar su obra. Como pueden ver, el optimismo crea oportunidades y soluciones que normalmente pasan inadvertidas. Sin optimismo las parejas no ven la salida a las circunstancias negativas. *Mi cónyuge no cambiará*, dicen. *Lo hemos intentado todo, y no hay remedio*. Sin optimismo, hasta las parejas estables consideran irremediable su situación, y se dan por vencidas.

De vez en cuando a nuestro consultorio llegan parejas que ya han decidido divorciarse. Al dirigirse a la corte de divorcio, se detienen en su camino en nuestro consultorio; o así parece. El motivo de buscar terapia es que desean saber la mejor manera de decírselo a los hijos, y por lo general nos explican su situación más o menos así: «No nos estamos separando porque nos llevemos mal; simplemente hemos descubierto que ya no tenemos nada en común. Supongo que nos hemos distanciado».

Nos estremecemos cada vez que escuchamos eso, pues debe ser la excusa más pobre para separarse. ¿Por qué? Porque de la manera que se plantea, el divorcio parecería inevitable; es como si el destino los separara poco a poco. Pero todos maduramos en la dirección que escojamos, y si la trayectoria de nuestro cónyuge es distinta a la nuestra, esto no tiene por qué ser el fin de la relación. Solo requiere unos ajustes voluntarios. «Tener cada vez menos en común» es una excusa para no alinear las actitudes y acciones con las de nuestra pareja.

Un matrimonio perdurable exige mentes que piensen en todas las posibilidades, que sean flexibles y elásticas. Ellas necesitan atención y adaptación continuas. Requieren un cambio de intereses conforme al de nuestro cónyuge. El matrimonio, para seguir siendo bueno, implica un proyecto para toda la vida: ajuste y reajuste de nuestras actitudes. Es el único camino para encontrar opciones positivas en las circunstancias más adversas.

POR QUÉ ENCONTRAMOS LO QUE BUSCAMOS

Una vez al año dictamos un curso matrimonial a estudiantes de nuestra universidad. Al poco tiempo de comenzar el semestre les planteamos un ejercicio sencillo, para demostrar un hecho simple acerca de las actitudes. «Miren alrededor de la clase y muéstrenle a la persona sentada a su lado todas las cosas verdes que puedan ver». La clase inmediatamente se llena de bullicio. «Bien», interrumpimos. «¿Cuántos entraron al salón antes de este ejercicio buscando algo verde?» Nadie levanta la mano, y algunos estudiantes se ríen por lo bajo. «Lo que hemos hecho, en solo unos pocos segundos, es crear una "predisposición al verde"». A continuación les explicamos que vemos lo que nuestras mentes están preparadas para ver.

> **Las personas son casi tan felices como deciden serlo.**
>
> ABRAHAM LINCOLN

Este hecho se ha demostrado maravillosamente en un experimento doble ciego llevado a cabo en una escuela de la bahía de San Francisco, donde el director llamó a tres profesores.

—Como ustedes tres son los mejores profesores en el programa —les dijo—, y tienen más experiencia que los demás, les asignaremos noventa estudiantes con elevados coeficientes de inteligencia. Durante este año podrán enseñarles según su propio ritmo, para ver cuánto pueden aprender.[3]

Tanto el cuerpo docente como los estudiantes estaban encantados, y disfrutaron plenamente todo el año lectivo. Los instructores estaban enseñando a los alumnos más brillantes; los estudiantes se beneficiaban de la atención solícita y la instrucción de profesores bien calificados. Al final del experimento los alumnos habían logrado entre 20% y 30% más que los demás estudiantes de toda la ciudad. Entonces el director reveló a los profesores que no se trataba de los noventa estudiantes más inteligentes. Los alumnos que participaron en el experimento habían sido elegidos al azar dentro del sistema.

—Eso significa que somos profesores excepcionales —dijo uno de ellos.

—Debo hacerles otra confesión —continuó el director—. Ustedes no son los mejores profesores. Sus nombres fueron los primeros tres en salir al azar.

> **El pensamiento es el gran origen de nuestra experiencia.**
>
> WILLIAM JAMES

¿Cómo pudieron, entonces, noventa estudiantes sobresalir durante todo un año? Sencillamente debido a la percepción. Nuestra percepción, o el enfoque que tengamos de una situación, es el resultado de nuestra actitud. Una vez que asumimos una predisposición mental, percibimos todo y a todos de determinada manera —más positiva o negativamente— aunque nuestra percepción esté errada. Por eso en el matrimonio, como en la vida, a menudo encontramos lo que hemos estado buscando.

Si usted cree que su cónyuge es perezoso, encontrará pruebas suficientes para respaldar su creencia. Si cree que es eficiente, también podrá encontrar experiencias que lo confirmen. Encontrará lo que tenga en mente encontrar.

No hace mucho yo estaba convencido de que Leslie había sacado de mi billetera un billete de cincuenta dólares. Estaba seguro de ello, porque con mucho cuidado lo coloqué detrás de los demás billetes cuando fui al banco esa semana. Ahora no estaba allí. «No toqué tu billetera», aseveraba Leslie. Pero lo que hizo durante toda la tarde me resultaba sospechoso: el tono de su voz, sus gestos. Yo estaba convencido que ella había tomado

> **Todo lo que usted logra, y todo lo que no puede lograr, es resultado directo de sus propios pensamientos.**
>
> JAMES ALLEN

el dinero y lo olvidó. Hasta su mirada me daba la impresión de que ella tampoco estaba segura. Pero todo cambió en un instante cuando de repente me acordé de que yo había usado el billete dos días antes en la tienda de comestibles. La predisposición mental es muy poderosa.

Algunas personas son desgraciadas porque encuentran un problema en cada solución. Su estribillo, especialmente en la terapia matrimonial, es: «Sí, pero...».

—Cuando usted y su esposo hablan, ¿ha intentado tomar en cuenta los sentimientos de él antes de dar su opinión? —preguntamos.

—Sí, pero eso no resulta, porque no me escucha —responde la esposa.

—¿Se ha planteado entenderlo antes de que él la entienda a usted? —decimos en otro intento.

—Sí, pero no me habla.

Algunas personas no pueden encontrar la solución a sus problemas porque no la buscan. Han desarrollado una mentalidad que filtra todas las soluciones y no las dejan pasar.

Maridos y mujeres en todo el mundo pueden dividirse en dos bandos cuando se trata de sus actitudes: los de mentalidad positiva y los de mentalidad negativa. Por hábito, cada uno de nosotros somos básicamente positivos o básicamente negativos. La persona negativa defiende sus actitudes con el argumento de ser realista, mientras la persona positiva mira por encima de las circunstancias actuales, y ve a las personas y situaciones en términos de posibilidades. La decisión es de ellos, o deberíamos decir que es *de ustedes*.

Si usted desea hacer lo posible por estar en el bando de actitudes positivas, y creemos que ese es el caso, deberá aprender a cambiar una disposición negativa. Necesitará abrir los ojos para ver cosas que quizás no había estado buscando.

CÓMO CAMBIAR UNA MALA ACTITUD

Hace muchos años, yo (Les) estaba sentado en la sala de baile de un hotel en Los Ángeles, escuchando a Ashley Montagu, el gran antropólogo de la Universidad de Rutgers. El tema del día era la «sicoesclerosis». Él usaba este término para referirse al *endurecimiento de las actitudes*. Su idea era clave: No nacemos con actitudes malas. Las desarrollamos mentalmente, pero con esfuerzo, podemos inocularnos contra la afección de las actitudes negativas crónicas. Aunque no hay ningún procedimiento sencillo para erradicar este tipo de mal, la charla de Montagu se convirtió en el catalizador que nos llevó a desarrollar maneras para evitarlo. Los siguientes cuatro pasos han resultado eficaces para muchas parejas que desean transformar una mala actitud en buena.

Primer paso: Busquen el lado positivo

Este paso asombrosamente simple puede ser revolucionario para algunas parejas. Implica adoptar una nueva mentalidad, que busque tanto el lado bueno del cónyuge como las soluciones positivas para los aprietos. Como ya hemos visto, cada uno de nosotros ve lo que está predispuesto mentalmente a ver. Por lo tanto, este paso es fundamental para transformar una mala actitud.

Steve estaba convencido de que su esposa Nancy nunca era puntual. Esto era un asunto de discordia entre ellos. La impuntualidad de Nancy exasperaba a Steve y a menudo le hacía perder la paciencia. Nancy estaba de acuerdo con que a veces se atrasaba con respecto a su marido: «Pero él cree que llega tarde si no está cinco minutos antes», dijo.

Les planteamos un reto. «Por una semana, dejen de lado las acusaciones», dijimos, «y busquen los momentos en que sus relojes personales estén sincronizados». Así lo hicieron. Si Steve creía que debido a su esposa iban a atrasarse, se abstenía de decir-lo. Y he aquí que comenzó a notar que Nancy no era tan lenta como él pensaba. Aunque no actuaba conforme al tiempo compulsivo de Steve, él comenzó a notar que era más puntual de lo que pensaba. Este ejercicio durante la semana fue suficiente para que Steve se diera cuenta de que a veces sus deseos eran irrazonables, y que solía llevar al hogar la actitud detallista propia de su trabajo.

> **No percibimos las cosas como son sino como somos nosotros.**
>
> ANAÏS NIN

Si usted no cree posible deshacerse de una actitud negativa, ha creado un modo de pensar convincente. Quizás crea que su cónyuge coquetea demasiado, que no es cuidadoso, que discute mucho, o que es insensible. Independientemente del rasgo negativo, la idea es mirar más allá. Compruebe que no usa anteojeras para no ver sus cualidades más positivas, que son el contrapeso de las negativas. Compruebe que su disposición mental no empeora una mala cualidad.

Segundo paso: No se hagan la víctima

En un estudio de individuos que sobrevivieron a condiciones físicas extremas, tales como exploradores polares perdidos en el ártico, los investigadores encontraron algo común en todos: La creencia implícita en sus fuerzas para cambiar su propio destino.[4] No dudaban de que la libertad para determinar su suerte dependía de sus propios recursos.

> **Lo que quedó atrás y lo que hay por delante de nosotros son pequeñeces, comparadas con lo que queda en nuestro interior.**
>
> WALT EMERSON

Lo mismo es cierto para todos los que transforman una actitud negativa producto de una situación no merecida. Tal vez usted está amargado porque no tiene los recursos financieros de sus amigos. O quizás no se crió en un hogar con buenos modelos para el matrimonio. O es posible que usted y su cónyuge estén desempleados. O tal vez usted padece una enfermedad física que justifique sentirse desgraciado. Cualquiera que sea su situación, independientemente de lo crítica que sea, no ganará nada haciéndose la víctima.

Ningún matrimonio puede darse el lujo de la autocompasión. Usted y su relación se quedarán sin energía. Cualquier cantidad de autocompasión, por minúscula que sea, es más que suficiente.

Lisa era una experta en su papel de víctima. ¿Qué la afligía? Se había casado demasiado joven. Siempre que ella y su marido tropezaban con una dificultad, sacudía la cabeza y murmuraba algo con respecto a que se habían casado cuando eran muy jóvenes. Lisa podía a voluntad, en una milésima de segundo, salir bruscamente de su autocompasión. Pero no creía que el esfuerzo valía la pena. No permitan ustedes que la autocompasión sabotee su actitud. Opten por dejar de desempeñar el papel de víctimas y sean protagonistas de su destino.

Tercer paso: No guarden rencores

Clara Barton, la fundadora de la Cruz Roja Americana, es un magnífico ejemplo de alguien que ponía en práctica este paso. Nadie podía decir que ella le guardara rencor a alguien. En cierta ocasión una amiga le contó una acusación cruel que alguien había elaborado contra ella algunos años antes, pero Clara no pareció recordar el incidente. La amiga le preguntó: «¿No recuerdas el mal que te hicieron?» «No», contestó Clara con calma. «Recuerdo muy claramente haberlo olvidado».

No hay nada que le presente más oposición a las buenas actitudes que el rencor. La amargura y el resentimiento son un veneno para

> Mientras el hombre o la mujer hagan de la felicidad personal el objetivo principal, su vida de casados nunca será lo que podría ser.
>
> J.S. KIRTLEY

el pensamiento positivo. Si usted desea cultivar una mejor actitud es esencial que siga el ejemplo de Clara Barton y deje de guardar rencores, aunque parezcan más que justificados.

Melinda, una mujer de poco más de cuarenta años, desde hacía mucho tiempo guardaba un rencor contra su marido Walt, que apenas recordaba cómo había comenzado. «Al poco tiempo de casados», nos dijo, «Walt decidió ir a un partido de fútbol americano con sus amigos, en lugar de ir ese domingo a almorzar a casa de mis padres». Todavía, después de todos esos años, se podía sentir la ira en su voz y ver el resentimiento en sus facciones. «Desde entonces, yo podría darle un montón de ejemplos de cómo los partidos de Walt son más importantes que yo». En una sesión de terapia, Walt se quejó de esa acusación, pero no sirvió de nada. Melinda estaba decidida a seguir aferrándose a ese resentimiento que hundía sus raíces amargas en lo más profundo de su matrimonio. Su rencor le impedía ver otras alternativas a su modo de pensar negativo e intransigente. Con el tiempo, sin embargo, después de varias sesiones de terapia, Melinda comenzó finalmente a sacarse ese peso de encima y superar su resentimiento. Poco a poco, a medida que su resentimiento se desvanecía, ella empezó a brindar a Walt espacios para que él pudiera demostrarle su amor.

> **La felicidad suprema de la vida es la convicción de que nos amen por lo que somos o, mejor todavía, que nos amen a pesar de lo que somos.**
>
> VICTOR HUGO

Esta puede ser una perspectiva aterradora, sin duda. Quizás usted sienta que la falta de afecto de su cónyuge está arruinando su matrimonio. Tal vez nunca le ha perdonado un arranque de ira en el pasado. Es posible que su resentimiento no tenga nada que ver directamente con su matrimonio, sino que se origine en su niñez o en el hogar donde se crió. Sea cual sea la causa, el resentimiento obstruye el paso de una actitud positiva, y debemos desecharlo para poder dar vida a pensamientos beneficiosos.

Cuarto paso: Sean clementes con ustedes y con su matrimonio

En la zona norte de Canadá solo hay dos estaciones: invierno y julio. Cuando el hielo comienza a derretirse, las carreteras secundarias se cubren de tanto barro, que los vehículos que transitan por esos campos dejan huellas profundas que se congelan nuevamente cuando vuelve el frío. Para quienes se adentran en esa zona inhóspita durante los meses de invierno, hay un letrero que dice: «Conductor: Elija con cuidado la huella, porque no podrá salir de ella en las próximas veinte millas».

Algunas actitudes negativas forman hábitos tan rígidos como las huellas congeladas, y podemos seguir con ellos por los próximos veinte años de nuestra vida. Se requiere un verdadero esfuerzo para poder cambiar estos patrones negativos de pensamiento, así como dar los pasos resumidos en este capítulo; por eso les animamos a ustedes para que sean clementes consigo mismos. Si el cambio de actitudes nos es tan rápido ni tan estable como preferiría, no sea severo. Recuerde que cada nuevo día presenta otra oportunidad para comenzar de nuevo; y cada día que hagan este esfuerzo por mejorar su actitud les acercará al matrimonio que desean tener.

Piénselo de la siguiente manera: Cuando un avión se dirige a su destino, la mayor parte del tiempo está fuera de rumbo. Sin embargo, las computadoras a bordo están constantemente corrigiendo la dirección, y poniéndolo nuevamente en el rumbo correcto. Del mismo modo, cuando modifiquen su actitud no siempre

> El acontecimiento no importa, la respuesta al acontecimiento es todo.
>
> I CHING

estarán en el rumbo exacto, pero eso no significa que vayan en la dirección equivocada. Tengan clemencia con ustedes mismos, y no se den por vencidos cuando momentáneamente se desvíen del rumbo.

Solución a problemas de la vida real

CÓMO SUPERAMOS UNA MALA ACTITUD

Kevin y Kathy Lunn
Casados en 1989

Cuando nos casamos, yo (Kathy) sabía que el trabajo de Kevin como asesor de empresas implicaba que debía viajar y estar fuera de casa de vez en cuando. No veía ningún inconveniente. Si algún día lo iban a hacer socio en su firma, ese era el precio que debía pagar. Lo que sí me molestaba era el resentimiento que yo sentía a medida que los años transcurrieron. Sus viajes lo alejaban de mí, en ocasiones por toda una semana. Estaba comenzando a creer que nuestra casa era un hotel más donde pernoctaba los fines de semana. *¿Por qué no podemos ser como las demás parejas, con horarios normales?* Me quejaba. *¿Por qué me hace esto?*

Yo (Kevin) no podía entender de qué se quejaba Kathy. Parecía exagerar el número de días que no estaba en casa, y no valoraba todo lo que estaba trabajando para mantenernos. Al final, mi resentimiento también comenzó a amontonarse. *Me estoy rompiendo el lomo*, pensaba, *y ella cree que todo lo que hago es salir a cenar con los clientes.* Ambos nos sentíamos como víctimas, cautivos de nuestros propios pensamientos negativos.

La experiencia de Kevin

Cuando me hicieron socio, tuve más control sobre mis horarios. Viajaba casi todas las semanas, pero los viajes eran más cortos. Además, no se trataba de que quisiera salir de la ciudad. Esperaba poder pasar tiempo en casa con Kathy y nuestra bebé, Meg. Cuando viajaba, hacía llamadas para ver cómo estaban y para hablar con Kathy. Pero casi siempre nuestras conversaciones telefónicas eran negativas. Si el auto no arrancaba, por ejemplo, ella quería que yo lo arreglara, aunque estuviera en Phoenix, St. Louis, Seattle, o en cualquier lugar alejado. Resentía que Kathy me culpara por problemas que estaban fuera de mi control, especialmente mientras yo trabajaba duro. *Si ella me apoyara más*, pensaba para mis adentros, *todo sería mejor*.

La experiencia de Kathy

Mientras el mundo de Kevin se agrandaba, el mío se empequeñecía. Él viajaba por todo el país, y yo me quedaba en casa. Tenía que arreglármelas sola cuando el sótano se inundaba, cuando la alarma de humo se quedaba sin baterías, cuando era necesario sacar la nieve de la entrada del coche, cuando había que hacer el mantenimiento al auto, o ante cualquier otra cosa que la mayoría de las mujeres hacen con un poco de ayuda de sus maridos. Eso hacía que me resintiera. Me crié en un hogar donde papá, un granjero, se encargaba de casi todo. Lo que más me molestaba, sin embargo, era el horario de Kevin. Puesto que se encontraba a menudo en diferente huso horario al viajar, además de tener días atareados, yo no podía conversar con él cuando lo deseaba. Su horario tenía preferencia sobre el mío. Yo planificaba mis días en torno a las llamadas nocturnas de Kevin. Debido a eso mi actitud no podía ser más agria.

Cómo solucionamos el problema

Nuestra solución se halla en una palabra fundamental: actitud. En los últimos dos años llegamos a reconocer con humildad que nuestro pensamiento negativo nos impedía hacer cualquier cosa constructiva para mejorar nuestro matrimonio. Es cierto, teníamos algunos desafíos prácticos poco comunes a otras parejas, pero nada que no pudiéramos superar una vez que reconociéramos nuestra propia mala actitud. Para nosotros, eso implicaba asumir la responsabilidad de cómo encarábamos nuestro problema en lugar de culpar al otro y hacer el papel de víctima. Me gustaría que mi esposo estuviera en casa todos los días de la semana, pero se gana la vida viajando y lo hace bien. La verdad es que me siento orgullosa de él, y él está orgulloso de mí. Me ha dicho varias veces cuánto admira lo bien que administro la casa mientras él está de viaje.

Una vez que descartamos nuestra mentalidad negativa, comenzamos a ver con más claridad la contribución que cada uno hacía al matrimonio. Hoy día hemos encontrado formas de hacer más llevaderos los viajes largos. Por ejemplo, como Kevin sabe que necesito llamarlo cuando quiero, ha configurado su teléfono celular (gracias al «identificador de llamadas») para que mis comunicaciones sean prioritarias. Al fin estamos subsanando la situación. Eso nunca hubiera sido posible si no hubiéramos *decidido* cambiar nuestras actitudes negativas.

Mensaje para otras parejas

La mentalidad negativa es un lujo que no puede darse quien desee tener el matrimonio de sus sueños.

UNA SEÑAL SEGURA DE UNA ACTITUD MATRIMONIAL POSITIVA

El año pasado viajé (Les) a Roma, Italia, por cuatro días con mi padre, de setenta y cinco años. Si bien habíamos estado en Roma en otras ocasiones, esta era la primera vez que iba de visita. Con poco tiempo disponible, hicimos una lista de los lugares que deseábamos ver, contratamos un chofer y nos internamos en la ciudad. La primera parada fue el Vaticano, donde visitamos la Iglesia de San Pedro y la Capilla Sixtina. Visitamos el Coliseo y las catacumbas donde los primeros cristianos adoraban en secreto. Hicimos un viaje especial a la celda de la prisión donde Pablo escribió varias de las cartas que ahora forman el Nuevo Testamento.

Una noche, mientras disfrutábamos cenando pasta en el comedor de nuestro hotel, comenzamos a hablar acerca de un principio bíblico que yo nunca había comprendido cabalmente. Se trataba de una ley del imperio romano que establecía que los muchachos de los pueblos debían cargar

> Pocas cosas hay más patéticas que una familia de un solo kilómetro, donde cada miembro solo hace por el otro lo que debe hacer.
>
> HARRY EMERSON FOSDICK

las mochilas de los soldados romanos hasta un kilómetro de su localidad. La práctica de esta ley era tan extendida, que los muchachos inteligentes medían el kilómetro en ambas direcciones de su hogar, y clavaban una estaca para marcar la distancia. Eso les permitía saber exactamente la distancia que debían cargar la mochila del soldado. Al llegar a la estaca depositaban la mochila del otro lado, y ya habían cumplido con la letra de la ley.

Cuando Jesús predicó el Sermón del Monte, usó esta práctica romana para ilustrar cómo una persona puede mejorar su modo de relacionarse. Jesús dijo: «Si alguien te obliga a llevarle la carga un kilómetro, llévasela dos» (Mateo 5:41). Una pareja que practica este poderoso principio del kilómetro extra tiene garantizado los frutos de un matrimonio firme.

Casi todos caminamos el primer kilómetro en el matrimonio. Este consiste en sacar la basura o preparar la cena en la noche. El kilómetro extra, sin embargo, consiste en hacer las mismas tareas cotidianas con buen ánimo y una sonrisa. No todos los maridos y las mujeres lo hacen. En realidad, la mayoría vivimos matrimonios de un solo kilómetro. Pero si mejoramos la actitud seremos testigos del principio del kilómetro extra en la práctica.

Todos tenemos una amplia gama de opciones para elegir la manera de vivir en el matrimonio. El comportamiento que desarrollemos en esta relación puede originarse en el hogar en que nos criamos, la educación que recibimos, o en otras varias condiciones, pero las actitudes que finalmente decidamos tener serán nuestras. Precisamente por esto una mala actitud es el primer aspecto perjudicial que puede mejorar cualquier buen matrimonio.

PARA REFLEXIONAR

➤ Al observar el panorama de su matrimonio, ¿qué actitudes perciben? Si ustedes se parecen a la mayoría de las parejas, no les vendría mal un «ajuste» a sus actitudes. ¿Qué actitud en particular deben cambiar primero?

➤ Cuando es necesario cambiar una mala actitud, uno de los primeros pasos que los expertos recomiendan es cambiar el modo de pensar, buscando el lado positivo. ¿Qué cosas positivas han pasado por alto últimamente en su relación?

➤ ¿De qué maneras han permitido que la autocompasión se infiltre en su matrimonio? ¿Alguno de ustedes ha desempeñado el papel de pobre víctima? Si así es, ¿cuáles son los resultados?

➤ ¿Qué piensan del «principio del kilómetro extra» en el matrimonio? ¿Estarían de acuerdo en considerarlo un buen barómetro de las actitudes positivas que ambos llevan a la relación marital? ¿Por qué?

CAPÍTULO CINCO

SEIS CONFLICTOS QUE ACECHAN A LOS BUENOS MATRIMONIOS

Hay mucho dolor que es bastante silencioso;
y las vibraciones producidas por las agonías humanas
a menudo son apenas un susurro en el fragor
de la existencia apresurada.

GEORGE ELIOT

Greg y yo nos escondimos debajo de la cama de Jim casi por una hora. Era un viernes en la noche, y me estaba quedando en su casa para pasar un fin de semana divertido. Como era nuestra costumbre en tales ocasiones, Greg y yo, ambos de diez años, habíamos enrollado las mantas y las colocamos en nuestras camas, para que cuando Jim regresara a casa creyera que dormíamos. La misión consistía en escondernos hasta que él estuviera por meterse en su cama, estirar entonces los brazos, agarrarle los tobillos, y gritar mientras su cuerpo de quince años de edad se estremecía en convulsiones. Los tres teníamos un nombre para eso: el infame «ataque al dormir».

Solo habíamos podido llevar a cabo nuestro ataque un par de veces; generalmente nuestras risas ahogadas debajo de la cama, anticipando la llegada de Jim, nos delataban tan pronto como él comenzaba a subir las escaleras. Pero en las raras ocasiones en

87

que tuvimos éxito, el deleite histérico que sentíamos era tan grande que yo no podría describirlo. Nos pasábamos el resto de la semana contándolo miles de veces a quien quisiera escucharlo, y con cada relato, el susto de Jim era cada vez más exagerado.

Algo de este recuerdo infantil hizo que al poco tiempo de casarnos me escondiera para asustar a Leslie. No lo hice por maldad. A mi niño interior se le ocurrió espontáneamente la idea, la cual era demasiado buena para dejarla pasar. Mientras Leslie buscaba algo en un armario de la buhardilla de nuestro apartamento en la ciudad, me escondí dentro, sin que ella se diera cuenta. Aguanté la respiración mientras esperaba. Minutos después, ella descubrió mi cabeza reposando en una caja que iba a cambiar de lugar. No dije una palabra, ni grité. No tuve que hacerlo. Ella sola gritó suficiente.

Literalmente, Leslie retrocedió de un salto mientras yo salía de entre las cajas.

—Lo siento ¿te encuentras bien? —le pregunté mientras la abrazaba.

Caímos al piso, y Leslie, recuperándose del susto, comenzó a reír.

—Lo único que vi fue tu cabeza —dijo—. ¿Cuánto tiempo hacía que estabas ahí?

Prácticamente nos revolcábamos de risa.

—Ya verás esta noche mientras duermas, compañero —dijo ella, mientras me sujetaba de los hombros.

No sé si Leslie ajustó cuentas conmigo por esa emboscada, pero sí sé que nuestro matrimonio sufrió otras asechanzas que se metieron sigilosamente en nuestra relación, y que nos asustaron a ambos. Con toda probabilidad también ha pasado los mismo en el matrimonio de ustedes.

¿Se han preguntado alguna vez, *si este matrimonio es tan bueno, por qué a veces me siento tan mal?* Si es así, probablemente su matrimonio ha sido víctima de una de las varias asechanzas previsibles en el matrimonio moderno. En este capítulo expondremos seis de los saboteadores más comunes y sutiles en los matrimonios de hoy. Son aspectos que furtivamente se cuelan, con mucho sigilo, en las relaciones. A saber: ajetreo, irritación, aburrimiento, distanciamiento, deudas y sufrimiento.

AJETREO

Gran parte del matrimonio se consume «haciendo cosas», con cada uno de nosotros cumpliendo con obligaciones nada románticas, que reaparecen todo el tiempo bajo distintas formas. Mucho de nuestro «tiempo especial» se pasa delante del televisor, mientras cenamos o leemos el correo. ¿Por qué estamos tan atareados? La mayoría culparíamos al trabajo. Hoy día en Estados Unidos, cuarenta millones de parejas comparten los ingresos. Casi un tercio lleva trabajo a su casa, por lo menos una vez a la semana, y más de setenta por ciento cumplimos con algún tipo de tarea relacionada con el trabajo durante los fines de semana. Hace muy poco, un estudio de cinco años de duración descubrió —y no es de extrañar— que el trabajo (especialmente el que llevamos a casa) es el principal responsable de la tensión que experimentamos en nuestros hogares.[1]

¿Por qué trabajamos tanto? El Dr. George Wald, biólogo de Harvard galardonado con el Premio Nobel, puede tener la respuesta: «Lo que necesitamos realmente no son premios Nobel sino amor. ¿Cómo creen que se llega a ser un premio Nobel? Buscando amor, así nada más. Buscándolo tanto, que uno trabaja todo el tiempo hasta ser un premio Nobel. Es un premio de consuelo. Lo que importa es el amor».[2]

> **Lo más importante no puede estar a merced de lo menos importante.**
>
> GOETHE

Independientemente de los motivos, la mayoría de esposos y esposas estarán de acuerdo con que viven demasiado atareados. La buena noticia para todos los que nos encontramos en esta situación es que podemos cambiar. Es más, de todo lo malo que sigilosamente se cuela en los buenos matrimonios, el ajetreo es lo más fácil de cambiar.

La solución se encuentra en deshacernos de todo lo no esencial y «urgente» que demanda tiempo, hasta que nuestras agendas reflejen el valor que le asignamos a nuestro matrimonio. Como la relación conyugal no suele ser urgente, queda de última en nuestra lista de prioridades. Para que ustedes no piensen que la solución a las muchas actividades se reduce a un reacomodo de prioridades, les advertimos que reducir las horas de trabajo no soluciona automáticamente el problema. ¿Por qué? Porque lo que *decimos* acerca de nuestras prioridades, no siempre coincide con lo que *hacemos*.

Una encuesta reciente señala que la mayoría de la gente mide el éxito sobre la base de un buen matrimonio y una buena vida familiar. Ocho de cada diez personas dicen admirar a quienes dan preferencia a la familia frente al trabajo; la mitad aseveran que han cambiado de empleo para pasar más tiempo en familia. Estudios demuestran que a pesar de estas expresiones de los valores, las horas de trabajo de las personas continúan en ascenso, mientras desciende el tiempo juntos en casa.[3] El mensaje es claro. No solo debemos podar nuestras actividades para pasar más tiempo juntos, debemos pasar ese tiempo constructivamente *juntos*, no navegando solos en la red ni aislándonos leyendo un libro. Para muchas parejas triunfantes, esto significa desarrollar juntos un pasatiempo y no simplemente tener la intención de sacar tiempo para un pasatiempo que nunca se logra.

Solución a problemas de la vida real

CÓMO DOMAMOS EL MONSTRUO DEL AJETREO

Steve y Thanne Moore
Casados en 1981

Con once años de casados, cargando con dos hijos, nos mudamos de Texas a Seattle. Mientras Steve se sumergió a toda máquina en su nuevo empleo, yo estaba ocupada instalando una casa temporal y buscando una nueva vivienda. Comenzamos rápidamente una nueva etapa en la vida, cada vez más acelerada. Al poco tiempo de llegar a la ciudad, nos llegó también algo más. Ahora teníamos dos niños en edad escolar y un bebé. Los días eran agotadores: ligas menores, llevar y traer a los niños del colegio, lecciones de música, reuniones de junta, viajes de negocios, acostarse tarde y levantarse temprano y, por supuesto, un matrimonio, además. Supusimos que el ritmo de vida finalmente se haría más lento, pero no fue así. No lo queríamos admitir, pero el problema era crónico. Nuestra vida en común se salía de control a toda velocidad. Vivíamos más rápidamente y hacíamos más cosas de lo que dos personas casadas ni siquiera se habrían imaginado. ¿Ocupados? ¡Nos quedaríamos cortos si lo dijéramos!

La experiencia de Steve

Por un tiempo habíamos estado muy ajetreados, y me interesaba más en averiguar cómo sobrevivir a ese ritmo que en controlarlo. Cuando Thanne se quejaba de nuestro ritmo agitado, le decía que se tranquilizara y tomara un descanso. Le aseguraba que no íbamos a estar así de ocupados para siempre. Como era de esperar, ella no apreciaba mis sermones. Al recordar esa época, debo confesar que estaba obligando a Thanne a mantenerse a la par, mientras a toda velocidad yo corría un embalaje final nada realista.

La experiencia de Thanne

Yo sabía que Steve estaba sometido a mucha presión en el trabajo. Sus días estaban atiborrados. Yo no quería ejercer más presión en casa. Él siempre estaba dispuesto a ayudarme si era necesario, pero yo no quería pedirle ayuda, quería que se diera cuenta intuitivamente. Desde mi punto de vista, las urgencias del momento eran solo sintomáticas de un problema mayor: decidir cómo enfrentaríamos el monstruo del ajetreo que había invadido nuestro matrimonio.

Cómo solucionamos el problema

Se nos ocurrieron varias estrategias que nos han servido para administrar esta vida escasa de tiempo. Primero, nos pusimos de acuerdo en que necesitábamos un espacio para estar solos; tener tiempo libre durante la semana, en que pudiéramos sacarnos las zapatillas, disfrutar de la compañía mutua, y tomar las cosas con calma. Esto se convirtió en un tiempo para divertirnos, no para solucionar problemas de trabajo ni para planificar el presupuesto del hogar. Lo segundo que hicimos fue adelantarnos a la curva de actividades. Para ello, planificamos el calendario con tres o cuatro semanas de anticipación. Esto nos permitió coordinar mejor nuestras agendas, y disminuyó las sorpresas de último momento. También nos ayudó a dar prioridad al tiempo familiar, en lugar de acomodarlo en la corta agenda que quedaba después de planificar todo lo demás. En tercer lugar, planificamos acontecimientos importantes cada cierto período, algo que nos ilusionara y representara una ruptura en nuestra rutina. Podía tratarse de un viaje por tierra a Montana, o acampar en un parque estatal. Por último, pusimos en oración nuestras agendas y nuestro ritmo acelerado. No es posible solucionar el problema del ajetreo de una vez para siempre. Es un desafío continuo.

Mensaje para otras parejas

Comprométanse a enfrentar el monstruo del ajetreo previendo tiempos de ocio para que sus espíritus puedan ponerse al día.

IRRITABILIDAD

Admitámoslo. La velocidad vertiginosa de casi todos los días, y el ajetreo al que acabamos de referirnos, producen un trastorno de carácter que preferiríamos no reconocer. Si estamos ocupados y estresados, nos hacemos gruñones y cascarrabias con nuestro cónyuge. Nosotros no empezamos así, por supuesto. Cuando recién nos casamos, éramos modelo ejemplar de cortesía y sensibilidad. Pero en algún punto del camino, sin esfuerzo de nuestra parte, salió a relucir una faceta asombrosamente quejumbrosa, quisquillosa y, lisa y llanamente, irritable.

Alguna vez, desde el asiento del acompañante, ¿ha lanzado instrucciones al conductor, aun sabiendo que al hacerlo arruinaría una salida agradable con su cónyuge? ¿Ha soltado alguna vez una orden a su cónyuge, y al final ha agregado por compromiso un «por favor», porque era evidente que se olvidó de ser amable? ¿Ha protestado alguna vez, y se ha quejado por tener que planificar otra comida para la familia, cuando antes sus esfuerzos culinarios le llenaban de orgullo?

La mayoría de la gente justifica su irritabilidad aduciendo: *En realidad no soy yo mismo cuando trato mal a mi alma gemela; soy de veras una persona afable. Lo que ocurre es que me siento así después de un día especialmente agotador. Mi verdadero yo es otro, y aparecerá más tarde.* Nos convencemos de que nuestra irritabilidad es una condición pasajera que desaparecerá tan pronto como hayamos pagado las cuentas, organizado la fiesta de bienvenida para el bebé de nuestra amiga, o terminado un proyecto importante en nuestro trabajo. Poco a poco comprendemos que apenas podemos convencernos a nosotros mismos, mucho menos a nuestro cónyuge. Entonces, ¿qué puede hacer un quisquilloso? Bastante.

> **Para conocer de veras a una persona, debemos haberla amado y odiado en su momento.**
> MARCEL JOUHANDEAU

Esto empieza (y termina), dando especial atención a cómo tratamos a nuestro cónyuge. ¿Podrían ustedes imaginarse un micrófono oculto en su hogar? Desde hace cuarenta y ocho horas se han grabado todas las conversaciones y comentarios que se hicieron mutuamente. ¿No se sienten inquietos? Peor aun, ahora tendrán que sentarse y escucharse, para ver cómo se hablaron durante ese lapso. Esta es una idea escalofriante para la mayoría de nosotros. Tal vez por suerte no tendremos que pasar por ese trance. Sin embargo, para cambiar nuestro estado de irritabilidad tendremos que contar con un método que permita vigilar nuestra interacción. ¿Por qué? Porque al tomar conciencia se puede producir una mejoría. El solo hecho de reconocer lo que estamos haciendo, cuándo lo estamos haciendo, y cómo hacemos sentir a nuestro cónyuge, ya es suficiente para sacarnos del grave estado de irritabilidad.

Procuren aumentar la toma de conciencia llevando durante una semana o más un registro de lo que se dicen. Podrían descubrir, por ejemplo, qué es particularmente irritable en determinados momentos del día, o cuando tienen hambre. Estas son cosas importantes que conviene saber. Si tienen suficiente valor, pueden pedir a su cónyuge que exprese cómo se sintió a lo largo del día, como resultado de los comentarios mutuos. Haga lo que haga al respecto, la toma de conciencia de su conducta será la clave para poder dominar su irritabilidad.

ABURRIMIENTO

«Hay noches en que nos sentamos a cenar y no tenemos nada que decirnos», nos dijo una clienta hace poco, «y recuerdo todas las noches en restaurantes cuando yo observaba en otras parejas ese silencio de despectiva indiferencia, y me preguntaba cómo llegaron a esa situación».

El dolor en la voz de esta mujer era desgarrador. Ella no estaba describiendo un matrimonio alterado por la crisis. No había pleitos a voz en cuello en ese hogar ni riñas de ningún tipo. Ella sufría de un aburrimiento atroz que cubría su matrimonio como si fuera una niebla que cada vez se volvía más espesa. «Estoy muy cansada del hastío de esta relación», se quejaba, «tengo miedo de hacer algo de lo que después me arrepienta». A continuación nos describió una situación con un hombre que conoció en el trabajo. «Nunca he tenido una aventura amorosa, y no quiero tenerla ahora, pero no puedo decir que no se me haya ocurrido».

Eso no nos sorprendió. Para el cónyuge que se siente atrapado en un matrimonio aburrido, una aventura parecería ser una alternativa emocionante. Gracias a Dios, esta mujer tenía la suficiente fuerza de voluntad para dejar pasar la «emoción» que solo habría servido para devastar a su marido y a sus hijos. En vez de eso, optó por trabajar conjuntamente con su marido para evitar que el matrimonio cayera en la desolación del aburrimiento.

El aburrimiento es uno de los saboteadores maritales más silenciosos. Es tan furtivo que solo un miembro de la pareja advierte su

> El matrimonio debe luchar continuamente contra un monstruo que todo lo devora: la rutina.
>
> HONORATO DE BALZAC

llegada. En el caso que acabamos de describir, el marido no tenía idea de los sentimientos de su mujer, hasta que ella los expresó. Él se limitaba a dejarse llevar por su diario existir: trabajar, comer, dormir. Sí, sabía que el grado de pasión en su matrimonio había decaído, que el vigor y el entusiasmo se habían desvanecido. Creyó que eso es lo que a la larga sucedía en cualquier matrimonio sujeto a exigencias laborales y al cuidado de los hijos. Y, hasta cierto punto, tenía razón. Todo matrimonio pasa por períodos de depresión. Los puntos esporádicos bajos no representan gran amenaza, pero el aburrimiento crónico puede ser fatal.

El problema del aburrimiento es que está tan extendido en las relaciones, que es prácticamente imposible encontrar una revista para mujeres que no contenga ideas para «sazonar» el matrimonio. Tales revistas plantean sugerencias para salir de la rutina:

> **Revolver la crema de avena es una actividad humilde ... representa la disposición para encontrar sentido a tareas simples que no son románticas: ganarse la vida, ajustarse a un presupuesto, sacar la basura.**
>
> ROBERT A. JOHNSON

compre sábanas de satín, escuche el último disco compacto, prepare helados al finalizar el invierno, cambie los muebles de lugar, y así sucesivamente. No es que ninguna de estas ideas creativas sea inservible, sino que el verdadero secreto para superar el aburrimiento en el matrimonio tiene poco que ver con estos remedios. Si usted analiza bien las causas de su aburrimiento, verá que es producto de una condición que ha adormecido las partes más interesantes y animadas de su cónyuge. No es necesariamente culpa de nadie, pero el resultado es que usted encuentra superficial a su cónyuge, y por consiguiente a su matrimonio.

Por tanto, ¿cuál es la solución? Usted debe hacer renacer las partes dormidas de su esposa. Si a ella le gustaba leer poesía, tome un ejemplar de T.S. Eliot y léalo. Si a usted nunca le interesó mucho la poesía, no es de sorprenderse que su esposa dejara adormecer su interés en ella.

> **Hacer lo mismo vez tras vez no solo es aburrido, implica permitir que lo que hacemos nos controle en lugar de controlar lo que hacemos.**
>
> HERÁCLITO

Si a su esposo le gustaba jugar al tenis y hace años que no lo practica, compre un par de raquetas nuevas. O quizás de niño le encantaba coleccionar tarjetas de béisbol y no ha hablado de su colección en años. Podrían asistir juntos a una muestra de coleccionistas.

Si su matrimonio le resulta aburrido es porque su cónyuge tiene intereses y energías sin expresar. Su tarea consiste en reavivarlos y luego disfrutarlos entre los dos. Exigirá algo de flexibilidad de su parte, pero el entusiasmo que revitalizará a su cónyuge bien vale la pena.

Usted no tiene por qué resignarse a un matrimonio aburrido. Así que deje de bostezar y redescubra a su cónyuge. Cuando logre derribar el muro de aburrimiento que se ha levantado en su relación, descubrirá que es capaz de mucho más. Comenzará a disfrutar una vitalidad que nunca imaginó que su matrimonio pudiera abrigar.

Solución a problemas de la vida real

CÓMO RECUPERAMOS LA ALEGRÍA EN NUESTRO MATRIMONIO

Neil y Marylyn Warren
Casados en 1959

Nuestro matrimonio se volvió rutinario muy pronto. Todo lo divertido que había en nuestra relación pareció escurrirse por alguna grieta. Creíamos que era una fase transitoria, algo pasajero, pero duró mucho tiempo. Neil se sumergió en sus estudios al ingresar a la Universidad de Chicago para obtener su doctorado.

Nuestras tres hijas nacieron en esa época, y en sus partidas de nacimiento, bajo «ocupación del padre» figura «estudiante». *Está bien*, nos decíamos, *cuando se terminen los estudios, las cosas serán distintas*. Así que cuando finalmente se graduó y obtuvo un puesto de profesor en California, estábamos listos para un cambio, para el romanticismo. Listos para divertirnos. Merecíamos un premio. Nos mudamos ese verano, comenzamos una nueva vida, pero en lugar de cambiar nuestro modo de vivir, acabamos en la misma rutina.

La experiencia de Neil

Con un nuevo trabajo académico y presiones para producir, yo no tenía tiempo para festejos. Mi primer curso fue sobre el filósofo Schleiermacher. Ni siquiera sabía deletrear Schleiermacher, mucho menos hablar de él con elocuencia. Otro curso que enseñé fue sobre estadística, y casi todos los estudiantes de la clase eran genios matemáticos que sabían mucho más que yo de matemáticas. Trabajé a destajo, noche y día, y hasta los fines de semana. Estaba aterrorizado de que después de toda mi formación académica hiciera un papelón, y no colmara las expectativas de estos estudiantes y de mi familia. Era un torbellino de ansiedad. Estaba decidido a sobrevivir, y nunca pensé en hacer a un lado mi matrimonio.

La experiencia de Marylyn

Durante los estudios de posgrado, me ilusioné pensando que comenzaríamos a vivir de modo utópico cuando Neil finalmente obtuviera su doctorado. Todos los sacrificios serían cosa del pasado, y podríamos vivir como de veras queríamos. Yo no podía entender la obsesión constante de Neil por su trabajo. Ambos nos sentíamos solos. Yo necesitaba su respaldo y estoy segura que él necesita mi apoyo. Pero los años vividos bajo presión habían minado la espontaneidad marital. Al final de un día de doce horas, Neil llegaba a casa agotado. Nada había cambiado de la época de los estudios, no le quedaba interés ni energía para la comunicación. Seguíamos en la misma rutina y yo ya no daba más.

Cómo solucionamos el problema

Yo (Marylyn) decidí que no iba a dejar que lo banal destruyera nuestro matrimonio. Tampoco estaba dispuesta a conformarme con una relación mediocre. El primer paso para solucionar nuestro problema lo dimos cuando expresé lo que sentía. Antes, me había tragado mi dolor, pero esta vez no. Dejé las cosas bien en claro, y Neil escuchó.

Yo (Neil) estaba de acuerdo con que se debía hacer algo, comenzando por nuestros canales de comunicación. Por primera vez desde que nos casamos, hablé realmente. Le conté a Marylyn acerca de mi trabajo, mis ilusiones y mis temores. Ella hizo lo mismo. Descubrimos juntos cómo la comunicación puede reducir la soledad, y cuánta vitalidad puede aportar a la relación.

El cambio radical no terminó ahí. Comenzamos a ahorrar dinero para pagar a una persona que cuidara a las niñas, para poder salir solos. Pasábamos la tarde juntos, y en las mañanas conversábamos de lo que nos depararía ese día. Yo (Neil) suspendía el trabajo y planificaba salidas sorpresivas para festejar fechas importantes. Nos reuníamos con otras tres parejas cada quince días, y Marylyn me visitaba al trabajo y salíamos a almorzar juntos.

Como resultado, prácticamente pudimos salir de la rutina y devolver el entusiasmo a nuestra relación. Nos convertimos en nuestros mejores amigos, y los de mayor confianza —¡y lo seguimos siendo!

Mensaje para otras parejas

Cuando su matrimonio se vuelva una rutina o trivial, recuerde por qué se enamoró; disfrute del romanticismo y diviértase con la alegría de su relación.

DISTANCIAMIENTO

En el capítulo anterior mencionamos cómo algunas parejas se quejan, y hasta desean separarse, porque «se han distanciado». Con los años han perdido el contacto mutuo, no tienen un vínculo fuerte, porque sus intereses son divergentes. La unión no se ha roto debido a un acontecimiento cataclísmico único. La relación se ha erosionado poco a poco, de manera apenas perceptible. Al cabo de unos años, despiertan y se preguntan: *¿Quién es esta persona con quien me casé?*

¿Les parece esto conocido? Hagamos las siguientes preguntas. ¿Se encuentran ustedes de pronto buscando alternativas para no estar con su cónyuge? ¿Dependen cada vez menos de su pareja? ¿Han dejado de compartir su vida entre sí? ¿Han perdido el interés sexual? Si la respuesta a estas preguntas es sí, es hora de poner atención.

Empiecen por reordenar sus prioridades. El tiempo impone restricciones a la unidad, pero cuando el matrimonio se relega a un segundo plano, las exigencias de tiempo se multiplican. Si a la relación con su cónyuge anteponen el trabajo, la iglesia, o aun las necesidades de los hijos, es hora de fijar nuevas prioridades y poner a su matrimonio en primer lugar.

En segundo lugar, deben pedir cualquier clase de ayuda específica a su cónyuge, aunque no la necesite. Podría ser ir de compras o trabajar en el jardín. El objetivo es hacer algo juntos.

En tercer lugar, pueden frenar el distanciamiento al intercambiar con su cónyuge información sobre su vida cotidiana, aunque se trate de banalidades.

Por último, pongan empeño en ahorrar dinero y elijan un fin de semana especial para irse a un hotel, quizás a un lugar que hace años disfrutaron de recién casados. Hagan esto en las próximas semanas. No esperen. Y si disponen de más dinero, fijen otra escapada para dentro de un mes o dos; si no pueden pasar una noche fuera de casa, intenten salir todo un día. Si no ven nada nuevo en esta sugerencia, o ya la han escuchado, es porque cualquier experto matrimonial conoce el potencial que estos fines de semana tienen para la pareja que se ha distanciado. No permitan que transcurra más tiempo; comiencen a hacer planes ahora mismo.

La mayoría de las parejas que se distancian aún se quieren profundamente. El único problema es que ahora sienten cosas distintas. No permitan que se agrande la brecha entre ustedes. Depende de ustedes unir las partes y disfrutar los vínculos mutuos en ámbitos de la vida en que ustedes pensaban no tener nada en común.

Solución a problemas de la vida real

CÓMO NOS REENCONTRAMOS DESPUÉS DE DISTANCIARNOS

David y Rhonda Olshine
Casados en 1981

Nunca nos propusimos distanciarnos. Es más, una vez a la semana salíamos de noche para asegurarnos de que eso no sucediera. Nada nos gustaba más que estar juntos. Sin embargo, cuando nuestra hija Rachel tenía dos años, intentamos tener otro hijo, pero no pudimos. Fue el comienzo de un sabotaje sutil en el matrimonio; no se trataba de la imposibilidad de un segundo embarazo, sino del desfallecimiento de nuestra relación a medida que nos distanciábamos. Experimentamos los altibajos emocionales característicos de los intentos por tener más hijos, y con cada mes que pasaba, el dolor emocional nos distanciaba más. Hubo ocasiones en que nos sentimos muy unidos, pero la mayor parte del tiempo éramos como dos botes a la deriva en direcciones opuestas. No era un distanciamiento dramático. Era lento y sutil. El tiempo para conversar era mínimo. Casi no salíamos de noche. Estábamos agotados, y nos escondíamos detrás de nuestras profesiones, cada uno inmerso en su propio mundo.

La experiencia de David

Por primera vez desde que nos casamos me sentí solo en el matrimonio. Como otros hombres, comencé a sumergirme en mi trabajo. En un tiempo en que debí buscar más y más el apoyo de mi esposa, me dediqué a trabajar más y más. Me sumergí de lleno en el trabajo. Llegó un día en que, sin fuerzas y fatigado, me di cuenta que no estaba conforme con la persona en que me estaba convirtiendo. Me sentía un farsante. Siempre había proclamado que «nuestra relación» tendría prioridad, pero no ponía en práctica mi propio mensaje. Tuve una corazonada, y decidí que haría lo que fuera para reunificar nuestros corazones.

La experiencia de Rhonda

Como David, canalicé en mi profesión de maestra la frustración y la angustia que sentía por no poder tener otro bebé. Estaba tan ocupada que ni siquiera me di cuenta de que nos estábamos distanciando. Solo después de que David pusiera el tema sobre la mesa, un sábado por la mañana mientras desayunábamos, empecé a ver el patrón de comportamiento. Ambos estábamos emocionalmente agotados, físicamente debilitados, completamente fatigados. Me vi obligada a hablar de lo que nos pasaba. Me sentía dolida y enojada por tener que reconocer el problema, pero también estaba decidida a reanimar la relación.

Cómo solucionamos el problema

Dimos cuatro pasos para revertir el problema del distanciamiento. Primero, identificamos el problema sin tapujos. Discutimos largo y tendido la situación, y conversamos acerca de cómo nos habíamos distanciado tanto. Admitimos que nuestra falta de comunicación y de romanticismo eran factores problemáticos. No fue fácil admitirlo, pero esto permitió comenzar el proceso de transformación. En segundo lugar, reservamos una noche a la semana para salir, y cumplíamos nuestra cita sin falta. No permitimos que fuera una cita improvisada. Ajustamos las prioridades para tener la seguridad de contar por lo menos con una noche solo para nosotros dos. En tercer lugar, hicimos un cambio laboral. A mí (David) me ofrecieron un puesto para enseñar en una facultad, y ambos sabíamos que debía aceptar. Este cambio fue un verdadero regalo al matrimonio, porque nos permitió tener más tiempo libre para estar juntos como familia y pareja. En cuarto lugar, desarrollamos nuevas expectativas, tanto individuales como de pareja. Aprendimos a darnos espacio cuando lo necesitábamos, pero también a escuchar atentamente y ser más compasivos.

Algo más. El año pasado nos sorprendimos al descubrir que Rhonda estaba embarazada. ¡Nadie nos puede decir que Dios no tiene sentido del humor! Y nunca nos hemos sentido más cerca uno del otro.

Mensaje para otras parejas

Aparten una suma de dinero para pagarle a una persona que cuide a los niños, y háganse la firme determinación de separar una noche a la semana para divertirse juntos.

DEUDAS

En esta época en que se supone que el estadounidense promedio debe tener dos autos flamantes, casa nueva y ropa de marca, las parejas tienen más deudas que nunca. Todos los años, muchos matrimonios se hunden más y más en deudas, hasta que finalmente comprenden que tal vez no puedan pagarlas. No nos referimos a las hipotecas o las cuotas del auto. Si ustedes se sienten comprimidos económicamente por lo que Ron Blue llama la «deuda constrictor», es posible que tengan saldos abultados en sus tarjetas de crédito. El estadounidense promedio tiene en sus tarjetas de crédito un saldo en contra de aproximadamente seis mil dólares, por lo que paga dieciocho por ciento de interés, o más. Esto significa que debe disponer en efectivo de mil dólares al año, solo para el pago de los intereses en sus tarjetas de crédito.[4]

Nuestro temor es que en vez de considerar estas asombrosas estadísticas como una llamada de alerta, las encontremos perversamente reconfortantes al ver que no somos los únicos en esta situación, y que hay otras parejas en los mismos aprietos financieros. Es posible. Pero podemos asegurarles que ustedes no tienen por qué vivir así. Si su matrimonio está sufriendo el peso del cúmulo de deudas, pueden comenzar a aligerar esta carga hoy mismo.

> En el matrimonio se dividen las penas, se duplica el gozo, y se cuadruplican los gastos.
>
> PROVERBIO INGLÉS

El primer paso para comenzar a deshacerse de las deudas es saber cuánto dinero deben. Una vez que tengan una cifra exacta, el saldo total de su deuda, tienen dos vías para reducirla: aumentar ingresos o reducir gastos.

A la mayoría de personas les resulta más fácil la segunda opción. Por lo tanto, el siguiente paso es descubrir dónde pueden reducir gastos. Poco tiempo después de casarnos aprendimos una preciosa lección al descubrir que gastábamos menos por el solo hecho de no usar tarjetas de crédito. Es más, un estudio ha demostrado que quienes compran sus víveres con tarjeta de crédito gastan cincuenta y cuatro por ciento más.[5] ¿Por qué? La mayoría de los expertos dice que al pagar con tarjeta de crédito no registramos físicamente el dolor de desprenderse del efectivo. Ya se trate de reducir salidas a comer fuera, compras de ropa en liquidaciones, o compras impulsivas, procuren encontrar maneras específicas para gastar menos. Si gastan tres dólares menos todos los días, habrán ahorrado más de mil dólares al año. No traten de convencerse, entonces, de que los pequeños sacrificios no sirven para nada.

Tenemos otra sugerencia para liquidar sus deudas: respondan ante alguien. Si lo que adeudan es mucho, tal vez sientan vergüenza, pero eso lo hace más esencial aún. No se aparten de su plan de pagos; es fundamental que cuenten con alguien a quien respeten, para que no puedan escaparse.

Liquidar deudas es una de las cosas más provechosas que harán como pareja. No solo podrán festejar un logro concreto, sino que derribarán una barrera invisible que lleva demasiado tiempo interfiriendo con su intimidad.

Solución a problemas de la vida real

CÓMO SOBREVIVIMOS
A LAS DEUDAS FINANCIERAS

Doug y Jana McKinley
Casados en 1985

Habíamos estado felizmente casados por seis años, y vivíamos en Ft. Wayne, Indiana, cuando se presentó la oportunidad de iniciar un negocio en Chicago, con un amigo. Hasta que el negocio pudiera financiarse hicimos arreglos para recibir un salario base por uno o dos años... «garantizado». No perdimos tiempo, vendimos nuestra casa en Ft. Wayne, nos mudamos a Chicago, y nos metimos de cabeza en el nuevo negocio. Pero lo que parecía una aventura emocionante resultó ser todo un gran desafío para nuestra vida matrimonial. Sin saberlo, el nuevo negocio de Doug no tenía ningún tipo de respaldo financiero inicial. Nos encontrábamos en un nuevo estado, una nueva casa, y criando un nuevo bebé, con un futuro financiero incierto para nuestro sostén.

La experiencia de Doug

Me entusiasmaba la posibilidad de comenzar un negocio con un amigo, con toda inocencia confié en que él se encargaría de sacarlo adelante. Cuando no resultó así, caí en estado de pánico. Mi amigo me había defraudado, y yo echaba la culpa a cuanto fuera posible. Pero después de descargar mi ira y culpar a todos, aún no tenía empleo. Para realizar el tipo de trabajo que sabía hacer, tendría que pasar meses en la creación de redes y referencias. Me protegí restándole importancia a todo el asunto, sin darme cuenta de cuánta tensión se acumulaba en mi matrimonio. Me dediqué de lleno a desempeñar mi papel de proveedor. Canalizaba toda mi energía en buscar maneras creativas de generar ingresos.

La experiencia de Jana

La conmoción inicial y la incredulidad dieron lugar a la ira. Por un tiempo estaba enojada con este amigo que nos había prometido el dinero, y enojada conmigo por no haber previsto esta situación y haberla detenido a tiempo. Recuerdo que me recriminaba más a mí que a Doug, porque yo solía ser más cauta y hacer más preguntas. Me sentía burlada y traicionada. Mientras Doug hacía lo posible por ganar dinero, yo me concentraba en atender a nuestro niño. Estábamos sobreviviendo en nuestros mundos separados. Debido a la tensión financiera, nos llevó tiempo recomponer las piezas de nuestro matrimonio.

Cómo solucionamos el problema

Nos vimos obligados a diseñar un plan económico sobre la base de un presupuesto reducido, hasta que Doug pudiera encontrar un trabajo estable para recuperarnos. Se trataba de una cuestión de supervivencia. Para cubrir nuestras necesidades financieras inmediatas, yo (Doug) pedí un préstamo a mi suegro, la experiencia más humillante de mi vida. Él fue sensible y afable con nosotros al confesarle nuestra gran metida de pata. Después vendimos los dos autos para poder liquidar las cuotas de los préstamos. Un amigo nos prestó su vehículo hasta poder adquirir uno. Reconocimos la fidelidad de Dios durante todo este proceso. Nunca hemos dependido tanto de Él y de otros, además de apoyarnos entre nosotros. Por último, nos pedimos perdón y aprendimos a comunicarnos con más eficacia. Ahora, frente a una gran decisión, la ponemos en oración, recabamos información, pedimos consejos a otras personas que nos ayudan a tomar una decisión meditada, y esperamos antes de encaminarnos hacia uno u otro lado.

Mensaje para otras parejas

Nunca dejen de conversar acerca de las decisiones que afectarán su economía. Busquen la guía de personas informadas, pregunten todo lo que se les ocurra, y dejen constancia escrita de sus planes financieros.

DOLOR DEL PASADO

Por desgracia, una de las peores cosas que puede colarse en un buen matrimonio es el dolor que se arrastra del pasado. Tenemos amigos que estuvieron casados casi veinte años, antes de que ella revelara a su esposo un secreto que nunca pensó contar a nadie. Cuando era niña, un vecino abusó sexualmente de ella por más de tres años. Este fue un secreto guardado por décadas, pues ella se sentía avergonzada y apenada. Su esposo nunca imaginó que su mujer hubiera soportado tanto dolor en silencio, hasta que finalmente, durante una visita que hicieron juntos a su ciudad natal, ella no pudo aguantar más. Desde entonces han trabajado juntos en la sanidad de sus emociones.

Conocemos a otra pareja cuyo matrimonio tropezó con un pasado doloroso. El marido se dio cuenta poco a poco de que su relación de niño con su padre alcohólico, años más tarde, afectaba su matrimonio. De niño aprendió a no expresar sus sentimientos, especialmente el afecto. Si lo hacía, su padre lo ridiculizaba. De adulto, después de años de casado, cada vez que intentaba expresar su amor por su mujer y sus hijos, aún oía el eco de la voz de su padre.

Muchos de nosotros tenemos heridas y cicatrices que nos acompañan en nuestro matrimonio, pasados dolorosos que no tienen nada que ver con nuestro cónyuge; pero que tarde o temprano afectarán nuestro matrimonio. Quizás las emociones estén bien enterradas, pero siguen vivas y latentes debajo de la superficie. Uno de los pasados dolorosos más comunes que llevamos a un matrimonio suele ser un sentido de falta de valía, un sentimiento constante de ineptitud e inferioridad. Esto a menudo es el resultado de un niño que cuando pedía amor y aprobación recibía lo contrario, y que ahora arrastra el dolor del rechazo en la edad adulta. Es inevitable que ese dolor esté al acecho de la pareja desprevenida, y altere un buen matrimonio.

> **Cuántas veces la tristeza heredada, sin que nunca se haya suspirado al oído humano, ha arruinado una vida.**
>
> George Eliot

Un grupo de investigadores estudió las relaciones entre el dolor temprano en la niñez y los vínculos sociales en la edad adulta. Llegaron a la conclusión de que «quienes más necesitan el apoyo que puede brindar un buen matrimonio quizás no se beneficiarán de él, porque la adversidad sufrida en el pasado menoscabó su capacidad para establecer relaciones íntimas».[6] Los investigadores descubrieron que quienes experimentaron vínculos negativos con sus padres a menudo tienen dificultades, y hasta pueden evitar la intimidad en su matrimonio por temor al fracaso o al rechazo.

Con toda franqueza, no podemos decir exactamente qué pasos deberán tomar ustedes en esta dirección; hay demasiadas variables personales. Lo mejor sería que busquen la ayuda de un terapeuta competente que les lleve en un viaje de sanidad, que tal vez demandará pocas sesiones. Hablaremos más del asunto en el siguiente capítulo. Pero tengan la seguridad de que Dios ha provisto los medios para ayudarles a trascender el dolor de su pasado. Este no tiene por qué interferir con el presente. Es más, el matrimonio que ustedes quieren salvaguardar puede ser el instrumento de gracia que Dios usará para restaurar su espíritu.

PARA REFLEXIONAR

➤ ¿Está su matrimonio demasiado ajetreado? ¿Sienten que no tienen tiempo para el romanticismo y para otras cosas que disfrutan juntos? ¿Qué podrían hacer esta semana para evitar que las muchas actividades interfieran con su vida amorosa?

➤ Pocos de nosotros estamos dispuestos a admitir nuestra irritabilidad, pero si ustedes descubren que este rasgo «pasajero» ha dejado de ser algo transitorio, procuren identificar los momentos específicos en que sea más evidente. ¿Cuáles son? ¿Qué pueden hacer para, durante esos momentos, reducir la irritabilidad en el matrimonio?

➤ Consideren, una por una, cada una de las rutinas en que ha caído su matrimonio. ¿Cómo ocurrieron? ¿Qué les impide salir de esa rutina y reanimar su matrimonio?

➤ De los seis aspectos que acechan a los buenos matrimonios (ajetreo, irritabilidad, aburrimiento, distanciamiento, deudas y dolor del pasado) ¿cuál, según ustedes, identificarían como el más dañino? ¿Cómo han tratado de combatir ese aspecto en el pasado? ¿Qué pueden hacer hoy para mejorarlo?

CAPÍTULO SEIS

CUATRO ASPECTOS NEGATIVOS QUE SACUDEN PROFUNDAMENTE A BUENOS MATRIMONIOS

El período más fácil en una situación crítica es en verdad la lucha misma. Y el período más difícil es la etapa posterior ... [en que] un individuo debe estar alerta para evitar reacciones torpes y juicios equivocados.

RICHARD M. NIXON

La vida hogareña en el matrimonio tiene ciclos: momentos en que estamos enamorados y la vida es bella. Estos son momentos en que coexistimos como amigos y compañeros de cuarto, demasiado ocupados en nuestros asuntos como para fijarnos en el otro mientras la maquinaria doméstica funcione con normalidad. Luego están los momentos en que los engranajes del matrimonio se atascan y se produce un cimbronazo. Es cuando suenan las alarmas, se disparan las luces pidiendo auxilio; el matrimonio se encuentra en crisis.

En nuestro caso, eso nos pasó hace unos tres años. Después de catorce años de casados, concebimos nuestro primer hijo. Por motivos no del todo claros, a los tres meses del embarazo el doctor le mandó reposo absoluto a Leslie. Ella solo podía salir de casa a las citas médicas. A los seis meses de embarazo, el doctor decidió internarla en el hospital. «No sé qué está pasando», nos dijo el médico, «pero según la ecografía, vemos que el bebé no está recibiendo el alimento que necesita. No está creciendo».

Con la vida de Leslie en riesgo, nuestro niño, John, nació dos semanas más tarde por medio de una cesárea de emergencia. Era un bebé prematuro, con solo seis meses de gestación, y pesaba poco más de medio kilo. Lo llevaron de urgencia a la unidad de cuidado neonatal intensivo, donde lo conectaron a monitores y aparatos para ayudarle a respirar, regular su temperatura, y hacer todo lo que un pequeño cuerpo necesita para poder vivir.

Una semana después, mientras dormíamos, el teléfono nos despertó. Era la jefa de enfermeras de John, quien llamaba para avisarnos que debían operar de urgencia a nuestro hijo primogénito. Corrimos al hospital justo a tiempo para ver cómo trasladaban por el corredor su cuerpecito de medio kilo en una camilla para adultos, acompañado de dos cirujanos y cuatro técnicos.

John salió bien de la cirugía abdominal. Durante los tres meses siguientes estuvo aislado en su cubículo en la unidad de tratamiento intensivo. Todos los días nos sentábamos a su lado, envueltos en túnicas estériles, con el ruido y los sonidos de fondo que emitían los aparatos a su alrededor. Pesando apenas poco más de kilo y medio, John finalmente llegó a casa, conectado a un tanque de oxígeno por medio de una manguera de dos metros. Hoy, con tres años, John tiene más energía que la nuestra combinada. Pero esos tres meses de crisis cambiaron nuestra vida y nuestro matrimonio para siempre. Como pareja conocemos la experiencia del temor indescriptible. Sabemos lo que significa detener el auto por no poder dejar de llorar. Sabemos como matrimonio lo que es haber sido sacudidos hasta los tuétanos.

Cuando «en las buenas y en las malas» es peor de lo imaginable

Todo matrimonio tiene una historia, un punto crucial, un momento crítico a partir del cual todo cambia. Como un árbol marcado por los embates de una tormenta, el acontecimiento deja su huella, de manera que nunca olvidaremos lo que pasó. Hay frases que a modo de fondo colorean toda nuestra vida:

Bill tuvo que ir a la guerra.
Perdimos el dinero cuando se derrumbó la bolsa.
El doctor dice que no podemos tener hijos.
El tornado arrasó con nuestra casa.

Una sola afirmación de estas altera completamente la historia de la pareja. La historia de amor que veníamos escribiendo ya no será la misma. Los acontecimientos imprevistos nos han conducido a lugares imponderables.

Cuando sobrevivimos, cuando logramos zafarnos de estos choques frontales que nos dejan conmocionados, estos se convierten en un paraíso o un infierno para el matrimonio. Por supuesto, ustedes saldrán amargados o convertidos en mejores personas, según cómo reaccionen.

Cuando ustedes prometieron estar juntos «en las buenas y en las malas», quizás pensaron lo que podrían ser «las malas»: enfermedad, problemas con los hijos, dificultades económicas. Pero posiblemente nunca imaginaron que un día afrontarían algo verdaderamente terrible, algo que los sacudiría hasta los tuétanos. Y ahora que su matrimonio ha recibido este sacudón, se sienten como los boxeadores golpeados y demasiado cansados para soltar a su contrincante; resisten porque es la única alternativa para no caerse o tirar la toalla.

Este capítulo está dirigido a todas las parejas que han sido profundamente sacudidas y todavía resisten. Debi-

> **Lo que nos duele, nos enseña.**
>
> BENJAMIN FRANKLIN

do a una crisis, ustedes ya no son lo que eran. Se dieron contra algo que cambió todo, que cambió su relación para mal; y ahora intentan mejorar la situación. Si bien no conocemos su historia, queremos analizar cuatro de los bombazos más comunes que les harán poner los pies en polvorosa: adiccion, infidelidad, infertilidad y pérdida.

Hemos organizado el capítulo en secciones independientes, para que ustedes puedan identificarse con la que más se ajuste a su realidad. Ninguna de ellas pretende ser una varita mágica para aliviar su dolor o reparar su matrimonio. Pero pueden brindarle el asidero para ver el cielo mientras su matrimonio atraviesa por un infierno.

La agonía de la adicción

Seis años atrás, Greg Smith, un entrenador de básquetbol en el colegio, se desmayó durante una práctica de rutina con su equipo. Cuando esa tarde recobró el conocimiento en el hospital, se desentrañó un secreto oscuro. Greg era alcohólico, y nadie lo sabía. Por once años había tomado secretamente vodka, un licor inoloro que guardaba en el garaje. Connie, su mujer por diez años, sentada al lado de Greg en el hospital, lo escuchaba conmocionada mientras él le revelaba su secreto recóndito.

Greg, una estrella de básquetbol en la universidad, nunca había probado una bebida alcohólica en su vida, hasta que salió con unos compañeros una tarde después de un partido. «Cuando desperté, a la mañana siguiente», me contó más tarde, «lo único que quería era tomarme otra copa». Lo hizo. Cuando ese mismo año se casó con Connie, ya era un adicto, pero ella no tenía idea.

Once años más tarde, la adicción privada de Greg salió a la luz, y Connie estaba destrozada. Ella nos llamó desde el hospital, a miles de kilómetros de distancia. «¿Tenían ustedes alguna idea de esto?» Nos sentíamos tan impotentes como ella. Debe haber sido la noche más solitaria para Connie; su vida ya no sería la misma.

Poco hay que divida más a una pareja que las adicciones. Ya se trate de alcohol, drogas, glotonería o pornografía, las adicciones dividen el matrimonio como si fuera un límite territorial. Crean un cisma silencioso que se ensancha paulatinamente con cada hábito compulsivo. Si el daño de una adicción ha golpeado su matrimonio, deseamos resaltar un punto fundamental para evitar que dicho golpe arruine su relación.[1]

La aflicción y la adicción tienen algo en común: negación. La pérdida de un matrimonio estable, como resultado de una adicción, genera angustia, ira y soledad. Esta pérdida no es tan tangible como otras (el adicto sigue presente). Cuando una adicción se lleva a un ser amado, esta pérdida tiene el potencial de inmovilizarnos indefinidamente en las primeras etapas del sufrimiento, lo que trae como consecuencia el descalabro de cualquier relación. De ahí el vínculo de «codependientes»; es decir, el cónyuge desea reparar una relación resquebrajada por la adicción, y acaba involuntariamente participando del mismo proceso mental paralizante del adicto.

Por definición, el adicto sustituye las relaciones humanas normales con comportamientos compulsivos que no puede controlar. Si usted está casado(a) con un adicto, siente la pérdida, intenta negar esa ausencia, y se enoja. A pesar de su angustia —o quizás debido a ella—, usted llega al extremo de hacer lo que sea por preservar el mundo exterior de su cónyuge, y del hogar que tuvo y en el que conoció la felicidad.

> **Un mal hábito es un infierno para aquel a quien usted ama, y es el peor de los infiernos para quienes lo aman a usted.**
>
> BILLIE HOLIDAY

Eso fue exactamente lo que pasó con Ruth, la hija de un alcohólico. Se casó con James, quien también provenía de un hogar alcohólico. En realidad, se sintieron atraídos inicialmente, en parte, porque ambos estaban de acuerdo con que nunca serían como sus padres. Aunque James bebía, Ruth estaba segura de que no iba a ser alcohólico. Todo eso cambió, sin embargo, la noche en que lo arrestaron por alcoholismo y conducta escandalosa. Ruth estaba tan avergonzada que no se lo dijo a nadie. James tenía excusas para su comportamiento. Ruth no le creyó, pero aparentó creerle. En el fondo sabía que también era su culpa. En resumidas cuentas, Ruth negaba el problema del alcoholismo de su marido tanto como él. Mientras más prometiera él abstenerse de tomar alcohol, Ruth más se convencía de que el problema iba a desaparecer. Pero no fue así.

A la larga, con la ayuda de un terapeuta, ella comprendió que estaba sacrificando su propia identidad, dejando de ser quien realmente era para mantener su relación con James. Aunque hacía caso omiso de comportamientos que la lastimaban profundamente, disculpaba conductas que despreciaba. Aparentaba alegría cuando por dentro estaba dolorida. Y lo peor es que se culpaba por un problema que no había originado. Sus reacciones solo complicaban su situación.

Ruth era codependiente. ¿Cuál fue el resultado? Más aislamiento y distanciamiento de James. ¿Por qué motivo? Cuando surge la posibilidad de verdadera intimidad, esta no se aprovecha, y se evade con silencio o discusiones. Lamentablemente esto lleva a Ruth, como a todos los coadictos, a volverse indispensables para su pobre cónyuge, y continuar sufriendo su martirio. La incapacidad de James de brindar el cariño y el amor que ella anhela, sin embargo, resultan en nuevos intentos solitarios de parte de ella para reformar a su marido. Y el ciclo se repite.

> **Cualquier clase de adicción es mala, ya sea el narcótico alcohol, morfina o idealismo.**
>
> CARL JUNG

Algunas parejas continúan por años este círculo vicioso. No sorprende que en estas relaciones se genere todo tipo de adicciones. En esas atmósferas, el alcoholismo y la gula hasta pueden mezclarse con la adicción sexual. El esposo justifica su adicción sexual, porque «ella siempre está ebria». La esposa que engorda veinte kilos como expresión de su rabia, también hace algo que su esposo no puede controlar. Cada adicción puede involucrar conductas diferentes, pero todas tienen el mismo remedio: responsabilidad. Cuando en lugar de culpar a las circunstancias, y a los demás, la energía se vuelca en asumir los sentimientos y la propia conducta, aparecen nuevas condiciones de confianza que son claves para recuperarse de problemas más graves, y para superarlos (hablaremos más sobre este punto en el siguiente capítulo).

Eso fue lo que descubrieron Greg y Connie Smith. Greg asiste religiosamente a las reuniones de Alcohólicos Anónimos, mientras ambos continúan reconstruyendo su relación y festejando su sobriedad. Cada uno asume día a día su responsabilidad.

LA INSEGURIDAD DE LA INFIDELIDAD

«Lo que debo escribir en esta nota te molestará, pero no aguanto más y tengo que decirte la verdad. Estoy cansada de vivir con mentiras. Estoy saliendo con un hombre que conocí en el trabajo. Es más joven que yo, y supongo que me atrapó con sus cumplidos y su seducción. De todos modos, ya no puedo disimular más. Quería que supieras la verdad, y si fuera más valiente te lo diría en persona, pero esta nota es lo mejor que puedo hacer. Lo siento. De veras lo siento. Sé que te he lastimado, y no hubiera querido hacerlo. Espero que no compliques las cosas para ambos y para nuestros hijos».

Con esta breve misiva, el mundo se derrumba, la autoestima se hace añicos, las vidas se destrozan, y un incauto intenta recoger los pedazos. La infidelidad ha estremecido por completo a la estabilidad.

De acuerdo con las últimas investigaciones, veinticuatro por ciento de hombres y catorce por ciento de mujeres han tenido relaciones sexuales extramatrimoniales.[2] Algunos consideran estos porcentajes demasiado bajos en comparación con estudios anteriores. De todos modos, los resultados son debatibles. Nada de eso importa realmente, sin embargo, si a usted le ha afectado la infidelidad. Lo único que quiere es recuperarse del tremendo golpe que le dieron a su relación.

¿Es posible recuperarse?, usted se pregunta. La respuesta es sí. El matrimonio podría salvarse si ambas personas están dispuestas a esforzarse en superar el dolor y la ira que producen uno de los traumas más devastadores que puede experimentar un cónyuge.[3] Hay un sinnúmero de parejas que son testimonio vivo de que puede restaurarse una relación sacudida por la infidelidad. Hemos conversado con varias, y recabamos las siguientes sugerencias:

Al cónyuge que tuvo la aventura:
En primer lugar, y antes que nada, corte todo contacto

con la tercera parte. Si quiere recuperar la confianza perdida con su cónyuge, debe establecer límites claros.

Debe estar dispuesto(a) a contestar cualquier pregunta que le haga su cónyuge. No porque necesite saber todos los detalles de lo sucedido, sino porque necesita saber que cuenta con su disposición a brindarle detalles. Aceptar las preguntas es una muestra de respeto, dignidad e igualdad. Es señal de confianza en usted para el futuro.

Al cónyuge que permaneció fiel:
Solo haga preguntas si desea saber la verdad. Quizás convenga no saber algunas cosas. Además, no caiga en la tentación de usar las respuestas como arma en contra de su cónyuge cuando más adelante surjan otros problemas.

Podría llevarle años absorber el impacto emocional de lo sucedido. Nadie se recupera rápidamente del adulterio. Es importante brindar un buen tiempo de recuperación.

El objetivo primordial para ambos es recuperar la confianza. En las semanas y meses posteriores a la aventura de Larry, esposo de Susan, ella se veía desconfiando cada vez que él llegaba tarde a casa, o atendía el teléfono cuando ella lo llamaba al trabajo. Durante años no dudó de él, pero con el recuerdo de su infidelidad todavía presente, le costaba creer sus explicaciones. Para restablecer la confianza, Larry se esforzó por cambiar sus costumbres; intentaba avisarle a Susan si iba a llegar más tarde de lo acostumbrado, o si no iba a estar en la oficina. Al cabo de un tiempo, sin embargo, comenzó a sentirse agobiado y controlado al tener que notificar a su mujer de sus actos. Para entonces, Susan se había percatado de los esfuerzos de Larry por justificar sus acciones, y no necesitaba controlarlo mucho. Las llamadas de su esposo ya no obedecían a una obligación, sino a una manifestación de amor.

Catherine y Walter también cambiaron su comportamiento. Él le dijo a ella cuándo era el momento del día en que se sentía más tentado. Hicieron un pacto para que él la llamara en cualquier instante en que su mente comenzara a vagar con fantasías inadecuadas. A la larga, estas llamadas se convirtieron en una oportunidad para expresar el amor y la pasión mutua, en vez de una mera actualización de su dificultad.

Es increíble observar cómo lo que puede ser una herida incurable se convierte en un catalizador del crecimiento en el matrimonio. Si ustedes están luchando con la traición a su confianza, sepan que están pasando por «lo peor» de la frase: «En las buenas y en las malas». Con la ayuda y la fuerza reparadora de Dios, hasta la desconfianza más grave puede subsanarse al corregir lo que se hizo mal.

LA INJUSTICIA DE LA INFERTILIDAD

Marcia, una mujer casada de treinta y dos años de edad: «Si no podemos tener hijos, no estoy segura de querer estar casada. He perdido cinco embarazos en tres años, y ya no sé cómo tratar con mi esposo Ken. Él desea que yo actúe como si aquí no hubiera pasado nada. Hace tres años que vamos a una clínica para el tratamiento de la infertilidad. Yo quería tener un hijo nuestro más que nada en el mundo, y creía que Ken también lo deseaba. Intenté esconder mi dolor porque me daba cuenta que incomodaba y hasta irritaba a mi esposo. Pero con cada embarazo perdido, él cada vez muestra menos comprensión».

Ken, de treinta y un años, casado con Marcia desde hace siete años: «Yo sabía que Marcia estaba desilusionada con cada embarazo que perdía, pero no tenía idea de su tristeza. No soy muy bueno en leer emociones. Cuando le pregunté directamente, ella no quería hablar del tema; se guardaba todo lo que la carcomía por dentro. Yo no soy así. Si me doy contra una valla, cambio de dirección. Lo que pasó no dependía de nosotros; por tanto, pensé que después de entristecernos, nos adaptaríamos y

> ¿Cuándo se llega a una crisis? Cuando surgen preguntas sin respuesta.
>
> RYSZARD KAPUSCINSKI

seguiríamos adelante. Por supuesto que yo quería un bebé. También estaba decepcionado, pero una parte en mi interior me decía: "No dejes que Marcia se dé cuenta cuánto te afectó esto, porque solo servirá para empeorar las cosas"».

La mitad de los estadounidenses que intentan encargar un bebé tienen problemas, y una de cada seis parejas en Estados Unidos tropiezan con la infertilidad; es decir, la incapacidad de concebir un hijo después de intentarlo por un año o más.[4] Estas parejas no solo hacen un sacrificio económico y dedican un tiempo sustancial para someterse a pruebas y tratamientos médicos indiscretos, sino que su matrimonio queda trastornado. Lo que antes era pasional se convierte en un ejercicio programado, cargado con la ansiedad que provoca la imposibilidad de concebir. Ambos se sienten enojados con su cuerpo, y luchan con la duda espinosa de comunicar o no a sus familiares y amigos las pruebas médicas a las que se someten. Sobrevolando todas estas decisiones está la posibilidad decepcionante de que la concepción no está garantizada.[5]

Si ustedes están luchando con el ataque emocional de la infertilidad, conocen la intensidad de la tristeza como muy pocas parejas. Es posible que en todas las áreas de la vida sientan el impacto: desde las decisiones acerca de su carrera profesional hasta su sexualidad y sus relaciones con amigos y conocidos de la familia. Dependiendo de cuánto tiempo hace que lleven intentándolo, habrán recorrido algunas etapas bastante previsibles. Primera, la preocupación por lo que les pasaba. Todo lo demás en la vida fue relegado mientras se obsesionaron con preguntas acerca de la infertilidad. *¿Qué hicimos mal? ¿Por qué tengo este defecto? ¿Por qué no podemos tener algo que al resto del mundo le resulta natural?* Después, lamentarán la pérdida de no poder tener hijos, y hurgarán intensamente en sus almas para entender lo que significa ser padres para ustedes como individuos, como pareja, como familia, y como miembros de la sociedad. Por último, con el tiempo, se internarán en una etapa de toma de decisiones con respecto a comenzar el proceso de adopción, o adaptarse a la vida sin hijos y buscar la realización en otros ámbitos de la vida. Esta es también la etapa en que deberán rearticular su matrimonio por los desajustes sufridos durante este trance.

¿Qué es lo mejor que puede hacer una pareja? Curar las heridas personales que cada uno sufrió durante el proceso. Ya se trate de aceptar el hecho de no poder tener hijos como pareja, o de haberlo aceptado desde hace años, es fundamental que para la vida de relación atiendan los cabos sueltos, especialmente aquellos que su cónyuge desconoce.

> **La palabra crisis se escribe en chino con dos caracteres. Uno representa el peligro, y el otro la oportunidad.**
>
> John F. Kennedy

En el caso de Marcia y Ken, parecían estar a años luz acerca de las percepciones de los problemas conyugales. Marcia estaba completamente destrozada por los embarazos que había perdido, y necesitaba desesperadamente que Ken comprendiera la intensidad de su tristeza. Sin embargo, en lugar de decírselo expresamente: «Mira, no aguanto este dolor», lloraba a solas. Su pena era tan sobrecogedora que estaba considerando separarse de Ken y dejar su matrimonio.

La tendencia natural de Ken de recuperarse y seguir adelante fue intensificada por su carrera militar. Aunque estaba verdaderamente decepcionado por los embarazos frustrados, se defendía buscando el lado positivo. Marcia interpretaba su conducta como insensibilidad. Su relación reclamaba empatía y compromiso.

El proceso de curación comenzó cuando Marcia reconoció que el mecanismo de defensa de Ken era tan válido como el suyo. Él la pudo ayudar: «Creí que ocultando mi propio dolor y desilusión te estaba protegiendo», le dijo. «Claro que me preocupa, y mucho. Me doy cuenta de que reaccionamos de manera diferente, pero eso no significa que una reacción sea correcta y la otra no». Estas palabras fueron el punto crucial para Marcia. Ella estaba asombrada de la sensibilidad de Ken.

Ken también estaba preocupado por la vida sexual, y en una atmósfera de seguridad pudo hablar con Marcia sin parecer acusador: «Hace tanto que todo lo que importa es quedar embarazada, que hemos perdido nuestro romanticismo», le dijo. Marcia, que ahora se sentía comprendida y menos temerosa, estuvo de acuerdo.

Con el tiempo, Marcia y Ken descubrieron una relación física emocionante y relajada como nunca antes. «Es porque ahora somos francos entre nosotros», ella explica. «Por primera vez, queremos satisfacer los deseos y necesidades del otro. Ambos queremos un bebé, pero por el momento lo primordial es desarrollar nuestro matrimonio. Estamos informándonos acerca de la adopción, pero pase lo que pase, estamos entusiasmados con nuestro futuro en común».

Ayudarse mutuamente, para curar las heridas personales que cada uno ha sufrido durante su propio trance de infertilidad, no garantiza que la lucha tenga un final «feliz», ni mucho menos, pero sí disminuye el riesgo de que la infertilidad destruya la trama de un buen matrimonio.

Solución a problemas de la vida real

CÓMO ENCONTRAMOS ESPERANZA ANTE LA INFERTILIDAD

Mark y Victoria Eaton
Casados en 1989

Llevábamos casados ocho años. Mark terminaba su doctorado en Boston, y yo daba por finalizado otro año más de enseñanza en la escuela elemental, cuando decidimos olvidarnos del control de natalidad y encargar un bebé. Al cabo de un año, todavía no estaba embarazada y Mark consiguió un trabajo en mi ciudad natal de Oklahoma. Creímos que eso era lo mejor. Esperábamos con expectativa este primer trabajo de Mark como profesor, y Oklahoma parecía ser el lugar ideal para asentarnos y comenzar una familia.

La experiencia de Mark

Al principio no me entusiasmaba mucho la idea de comenzar una familia, como Victoria deseaba; pensaba que teníamos tiempo de sobra. Pero una vez que nos embarcamos en el asunto y quisimos tener un hijo, pensé que sería fácil. A medida que los meses pasaban, sin embargo, la palabra *infertilidad* comenzó a flotar en mi mente. Cuando los meses se convirtieron en años, comencé a preguntarme si alguna vez tendríamos hijos. Pero yo aun tenía optimismo. Un poco a regañadientes, le seguí la corriente a Victoria para averiguar sobre el tema de la adopción, porque todavía creía que era un asunto de tiempo antes de que pudiéramos concebir. Los altibajos emocionales de mi esposa eran desgarradores. Toda la experiencia fue extremadamente dolorosa para ambos y para nuestro matrimonio.

La experiencia de Victoria

Cuando comprendí que quedar embarazada no iba a ser fácil para nosotros, empecé a notar que había bebés en todas partes: en la tienda de comestibles, en la iglesia; mientras el auto estaba detenido en el tráfico, no podía dejar de fijarme cuántos tenían asientos para bebés en la parte posterior. Por supuesto, muchos de nuestros amigos tenían bebés, y quienes no, estaban esperando uno o parecían estarlo. Traté de no pensar en ello y concentrarme en evitar el estrés. Todo lo que leía sobre la infertilidad decía que el estrés empeoraba la situación. Pero parecía que todo, y todos, incluyendo a mi esposo, querían provocarme estrés.

Cómo solucionamos el problema

Tomamos la decisión de transitar juntos este camino doloroso. Para compensar nuestra obsesión de tener un hijo desarrollamos juntos actividades saludables, como atletismo o excursiones de aventura. Comencé un nuevo trabajo en el teatro de danza Prairie. También aprendimos a evitar los lugares vacacionales familiares, y los centros de compra con sillitas para niños durante las fiestas navideñas. Yo (Victoria) visitaba un sicólogo que sabía tratar el dolor de la infertilidad, y ambos recibimos ayuda de un asistente social. Probablemente la manera más importante para enfrentarnos a la situación fue asimilar el proceso de adopción, visitando una agencia en Fort Worth, Texas, la misma que me había dado en adopción. También llevé un diario completo durante este tiempo, y seguí las indicaciones del libro *The Artist's Way* [El camino del artista], que me ayudó a entender cómo podía usar mi creatividad de otra manera que no fuera creando un niño. Hasta el día de hoy, llevar un diario me permite alejarme de las dificultades y ver pequeños rayos de esperanza.

Mensaje para otras parejas

Hablen con otros matrimonios que también tengan problemas de infertilidad. Hacer a otros partícipes de sus sufrimientos les ayudará a sobreponerse. No descuiden el respaldo de la familia y los amigos, así como sus oraciones.

La soledad de la pérdida

En septiembre de 1988 diagnosticaron a Dave Dravecky, jugador de los Gigantes de San Francisco en las ligas mayores de béisbol, un tumor en el brazo izquierdo, el que usaba para lanzar. Al cumplirse diez años exactamente de haberse casado con Jan, lo sometieron a una cirugía para extirparle el tumor. Era un tumor maligno. Tendría suerte de llegar a jugar a la pelota con su hijo, pero no volvería a jugar como profesional. Para sorpresa de sus médicos, Dave logró finalmente hacer movimientos de lanzamiento. En julio de 1989 estaba lanzando en las ligas menores; y el 10 de agosto de 1989, regresó milagrosamente como lanzador en un partido de ligas mayores en Candlestick Park.

Los medios de comunicación enloquecieron. David apareció en todas las páginas deportivas del país. Cinco días después de su partido de regreso estaba lanzando en un campo de Montreal, cuando se fracturó un hueso del brazo; el ruido se escuchó en todo el estadio, y su carrera deportiva llegó abruptamente a su fin. En junio de 1991 le amputaron el brazo y el hombro. Durante todo este proceso, Jan se esforzó con gran diligencia para apoyar a su esposo, conversando con los medios, contestando la correspondencia, preparando la comida y cuidando a los niños. Sin que su esposo lo supiera, sin embargo, Jan sufría en silencio. Comenzó a tener ataques de pánico, y luego desarrolló una depresión clínica que le impedía levantarse de la cama en la mañana.

La pérdida, la pérdida devastadora, es así. Pocas cosas hay que puedan sacudir tan profundamente nuestra personalidad, nuestro matrimonio, nuestro fuero más íntimo. Ya sea perder el trabajo debido a una lesión o a las circunstancias, perder dinero debido a una mala inversión, perder un amigo o un ser querido debido a una trage- dia o a causas natu- rales, perder un hijo de un matri- monio anterior en un litigio por cus- todia, la pérdida re- presenta una de las peores experien- cias de soledad en este mundo, aun- que tengamos un buen matrimonio.

> **De todas las virtudes que uno puede aprender, no hay rasgo más prove- choso, más esencial para la supervi- vencia, y con más posibilidades de mejorar la calidad de vida, que la capacidad de transformar la adver- sidad en un reto agradable.**
>
> MIHALYI CSIKSZENTMIHALY

Quizás ustedes ya conocen las etapas: incredulidad inmovilizante, anhelo y bús- queda, desorganización y angustia. Técnicamente lo llamamos aflicción. Si bien esto es muy personal, se trata de un proceso, no de un suceso puntual, y requiere tiempo. No es posible apurar el proceso ni comprimirlo. El proceso del sufrimiento, aunque do- loroso en muchas maneras, tiene su propia lógica interior; si se deja desarrollar, casi siempre se resuelve satisfactoriamente. Al final el dolor nos dejará en otra situación, nos ayudará a reorga- nizar nuestra vida, y a seguir adelante.

Sin embargo, mientras se desarrolla la aflicción se puede des- truir el matrimonio, como pasó con Dave y Jan Dravecky. Por eso, si han tenido una pérdida en su vida, deseamos hacerles una sugerencia sencilla: mantengan abiertos los canales de comuni- cación. Sin un diálogo franco y sincero, tanto esposo como espo- sa levantarán involuntariamente muros alrededor de sus corazo- nes. Transitarán por sendas distintas, y perderán contacto entre sí. Se perderán una de las grandes ventajas que tiene el matrimo- nio.

Mantener los canales de comunicación abiertos implica vul- nerabilidad. Exige expresar nuestros verdaderos sentimientos y dejar correr lágrimas por las mejillas de ambos. Dave y Jan aprendieron esta lección mientras transitaban juntos por el camino del dolor. Como el hierro con el hierro se afila, se ayudaron entre sí en los días más nefastos de su matrimonio, para crear una vida nueva que ninguno ahora cambiaría por nada.

La comunicación sincera y franca durante la aflicción no siempre es segura, pero es buena. En el libro infantil de C.S. Lewis, *The Lion, the Witch, and the Wardrobe* [El león, la bruja y el armario], hay un episodio en donde uno de los principales personajes, una niña llamada Lucy, se encuentra por primera vez con Aslan, el gran león. Lucy ve a Aslan y exclama con agitación, preguntándole a uno de los animales parlantes: «¿Es él seguro?» El animal le responde: «¿Seguro…? ¿Quién dijo algo de ser seguro? Por supuesto que no es seguro. Pero es bueno».

A causa de una pérdida, pasar sufrimientos junto a su cónyuge tampoco es siempre seguro. Es imprevisible. No es posible controlar las reacciones de cada persona ante los sentimientos de miedo. Pero el proceso es bueno. Cuando se tiene confianza, la aflicción sincera —juntos— evitará que lo malo dañe un buen matrimonio.

EL ARTE DE LA RECUPERACIÓN

Mi padre, un pastor, decía a menudo que todos tendremos nuestro propio Getsemaní. Por lo general ocurrirá en un lugar conocido. Con Jesús fue en el lugar donde solía orar, y donde Judas sabía que podía encontrarlo. Y nuestro Getsemaní posiblemente involucre un Judas: alguien, quizás nuestro cónyuge, que nos desilusionará como nunca nos podríamos haber imaginado. En nuestro Getsemaní privado podemos tener amigos íntimos que de pronto se duermen cuando más los necesitamos (nuestros propios Pedro, Santiago y Juan). Nos preguntamos si han desconectado el teléfono.

Sea cual haya sido la manera en que experimentaron la caída en el abismo (adicción, infidelidad, infertilidad o pérdida), es muy posible que no advirtieran su llegada. No había manera de hacer planes para desviar el golpe que los sacudió, tanto a ustedes como a su matrimonio. Tal vez tengan poco o nada de control sobre lo que pasó, pero *sí* pueden controlar su propia respuesta. En eso consiste el arte de la recuperación.

Conocemos una pareja, Bill y Lydia, que perdieron casi todo lo que tenían. Bill había trabajado muchos años como ejecutivo en una empresa nacional. Se jubiló anticipadamente, y dio gran parte del dinero de la indemnización a un amigo que tenía un negocio en que no se podía perder. Pero perdió. Bill y Lydia, de unos sesenta años, se encontraron luchando por sobrevivir con escasos ingresos después que sus inversiones se agotaron. Fue un golpe duro. Otras personas han acabado destrozadas por problemas similares. No así Bill y Lydia. Ellos dejaron una casa elegante y se mudaron a una cabaña pequeña. Cambiaron un coche grande por un modelo más económico. En lugar de disfrutar su jubilación, y como Bill no pudo volver a su puesto ejecutivo, trabajaba en la calle, leyendo los consumos para una empresa de servicios públicos.

Bill y Lydia tenían motivos más que suficientes para sentirse amargados. En vez de eso, se propusieron ajustarse a una situación mala que no podían controlar. Si ustedes los conocieran, nunca podrían imaginar el golpe que sufrieron. Aunque les llevó tiempo recuperarse de su pérdida, ahora están felices a pesar de las circunstancias.

Conocemos otra pareja que se enfrentó casi la misma prueba que Bill y Lydia, pero que no pudieron absorber el golpe. Al perder el dinero de la jubilación, se volvieron resentidos y mezquinos. Igual que Bill y Lydia, ellos asistían a la iglesia, pero rechazaban la consideración y el amor de la gente. Se volvieron tan críticos, que su pastor debió esforzarse por tratarlos dignamente. Ni siquiera intentaron aprender el arte de la recuperación.

No permitan que esto mismo les pase a ustedes y a su matrimonio. No importa en qué consista su Getsemaní particular, propónganse recuperarse, sacúdanse el polvo y vuelvan al ruedo... juntos. No hay nada más fuerte, ni que brinde tanta satisfacción como un buen matrimonio que ha luchado con dificultades y ha salido victorioso.

> **Acompañado de alguien a quien amar, hasta el más afligido puede recuperarse.**
>
> KEN DUCKWORTH

Como las pérdidas pueden ser muy variadas, hemos decidido cerrar este capítulo con las historias de tres parejas que lucharon con la pérdida, y se sobrepusieron a su propio Getsemaní.

Solución a problemas de la vida real

CÓMO SUPERAMOS LA DEPRESIÓN

Dennis y Emily Lowe
Casados en 1975

Disfrutábamos un gran matrimonio cuando, sin previo aviso, llegó una visita sin invitación: la depresión. El primer episodio empezó a los dos años de nuestro matrimonio, cuando Emily terminaba su maestría en asistencia social, y Dennis trabajaba a tiempo completo como terapeuta. Nuestra situación financiera estaba mejorando, y nos sentíamos más firmes. Nos mudamos a nuestra primera casa, éramos miembros activos de la iglesia, y hacíamos planes para estudios doctorales, cuando nos golpeó la depresión clínica. Esto trastornó nuestro matrimonio. Y, lamentablemente, nos ha visitado más de una vez en nuestros veinticinco años de casados.

La experiencia de Dennis

Yo no sabía lo que me pasaba la primera vez que me encontré con la depresión. En ese tiempo yo era muy activo en los deportes y la música, tenía muchos amigos, me gustaba mi trabajo de graduado y mi incipiente carrera; además, tenía un matrimonio feliz. De pronto, perdí interés en casi todo. Se redujo mi motivación. Me hallaba exhausto, me sentía terriblemente solo, no podía dormir y perdí el apetito. Mi autoestima se derrumbó. Mi matrimonio también se iba a pique. Me sentía nervioso con Emily, y desalentado con nuestra relación. Peor aún, me sentía culpable porque ya no era la persona con quien Emily se había casado. Estaba deprimido. Y, a decir verdad, no sabía si ella me dejaría. Durante estos años, en mi lucha contra la depresión, hubo momentos en que exclamé: «Soy un terapeuta, un profesor de sicología, cristiano, líder en la iglesia; ¡se supone que no me puedo deprimir!» Pero la depresión todavía persistía.

La experiencia de Emily

Cuando Dennis se deprimió, sentí que perdía al hombre con quien me casé. Observé cómo se esforzaba por ir al trabajo, y cómo se derrumbaba al llegar a casa. Eso me hacía sentir mal. Intenté compensar la situación encargándome de las tareas que solíamos compartir. Pero esa «doble obligación» fue demasiado, especialmente después de que tuvimos hijos. Entonces empecé a agotarme y a enojarme. Sabía que Dennis no buscó estar deprimido, pero a veces dirigía mi enojo contra él y no contra la depresión. Como él no quería que muchas personas se enteraran de la situación, pasé años sin buscar el apoyo que yo necesitaba. Había tantos sentimientos reprimidos dentro de mí que pensé que explotaría. Quería ayudar y animar, pero no estaba segura de cómo hacerlo.

Cómo solucionamos el problema

Me llevó (Dennis) un tiempo reconocer mi depresión y contársela a otros. Pero una vez que la admití, pronto comenzamos a encontrar la manera de sobrellevar el problema y restaurar nuestro matrimonio. En primer lugar, seguimos un buen tratamiento médico y empecé a tomar medicamentos. También teníamos sesiones terapéuticas individuales y como pareja. Leímos libros sobre la depresión, y aprendimos a apoyarnos en Dios y en nuestra familia espiritual más de lo que habíamos hecho previamente. Nuestros momentos de oración juntos en pareja se volvieron especialmente significativos, y el apoyo de otras personas de la iglesia que habían pasado por depresiones comenzó a animar nuestra vida. A medida que hablábamos con otras parejas que pasaron, o que estaban pasando lo mismo, nos sentíamos reconfortados. Con el tiempo reafirmamos la dedicación mutua, y nos dimos respiro en nuestro ajetreo para poder recuperarnos. Hoy día sabemos que la depresión puede volver; pero si sucede, estamos listos para enfrentarla juntos.

Mensaje para otras parejas

Si la pareja debe enfrentar la depresión, busquen ayuda profesional. Es posible sobreponerse a ella si se esfuerzan juntos, acompañados por un terapeuta competente. Hay esperanza para la depresión grave.

Solución a problemas de la vida real

CÓMO ENCONTRAMOS GOZO CON UN HIJO DISCAPACITADO

Norm y Joyce Wright
Casados en 1959

Acabábamos de comprar nuestra segunda casa, y esperábamos nuestro segundo hijo, todo en un mismo año. Hacía ocho años que estábamos casados y rebosábamos de entusiasmo y expectativas. Yo (Norm) trabajaba como pastor de jóvenes en una iglesia de la localidad, y dictaba un par de cursos en un seminario cercano a nuestro hogar en California del Sur. Yo (Joyce) me estaba acomodando a mi papel de madre, y la vida no podía ser más dulce. El día que nació Matthew no podíamos contener nuestra alegría. Pero al cumplir ocho meses sufrió la primera convulsión epiléptica, y le diagnosticaron «grave retardo mental con daño cerebral». Durante toda su vida tendría la inteligencia y las funciones de un bebé de dieciocho meses.

La experiencia de Norm

Yo no podría expresar en palabras cuál fue mi reacción al enterarme de que Matthew era un niño mentalmente discapacitado. Me quedaría corto si dijera que fue un tremendo choque. Me sentí completamente aturdido. Nunca se me había ocurrido la posibilidad de que pudiéramos tener un hijo especial. Como consejero había trabajado con esta clase de niños; pero, ¿con mi propio hijo? Me llevó meses desahogar mis sentimientos. Como la mayoría de hombres, hice un gran esfuerzo por reprimirlos. Pero una vez que pude hacerme a la idea, dejé que mis sentimientos fluyeran libremente. Estaba muy afligido porque mi hijo nunca sería normal. Lloré y luego lloré más.

La experiencia de Joyce

Independientemente de su condición, quería amar y cuidar a Matthew. Por supuesto, en el fondo de mi ser sentía pena y pérdida, pero también sentía una profunda compasión por nuestro hijo, y quería asegurarme de que tuviera el mejor cuidado posible. Este deseo me llevó a quedar físicamente agotada. Después de todo, era como tener un bebé de casi treinta kilos con ocho o nueve años de edad. Matthew no podía ir al baño solo, ni alimentarse por sí mismo. Era necesario hacerle todas las cosas, y mi instinto maternal estaba exacerbado hasta que encontré un equilibrio.

Cómo solucionamos el problema

El primer paso para enfrentar la situación fue sincerar nuestros sentimientos. Tuvimos que admitir la pérdida de algunos de nuestros sueños más importantes. Yo (Norm) era el padre de un hijo, pero al mismo tiempo, no sabía lo que era ser padre de un hijo. Lo mismo era cierto en el caso de Joyce como madre. Debíamos ser sinceros al hablar de nuestro desánimo y hacerlo en términos específicos. Debíamos admitir que nuestras vidas nunca serían las mismas. Esto nos permitió pasar por el dolor. No sería posible perpetuar nuestro apellido. No podríamos disfrutar en nuestro hijo el desarrollo normal de un niño. Estas confesiones nos ayudaron a seguir adelante.

El segundo paso fue informarnos mejor, no solo de la condición de Matthew, sino del impacto que él tendría en nuestro matrimonio. Más del ochenta por ciento de las parejas con hijos discapacitados acaban en divorcio. No permitiríamos que eso sucediera.

Después, nos alivió poder hablar con otros de nuestra experiencia. Aunque a veces era difícil poder asistir a la iglesia, hicimos de eso una prioridad, y disfrutamos el apoyo comunitario. Con el tiempo hablábamos con otras parejas que tenían un hijo discapacitado, y yo (Norm) empecé a dar charlas y a hablar del tema.

También nos resultó terapéutico encontrar momentos de gozo a pesar de las dificultades. Oír la risa de Matthew representaba un punto culminante en nuestra semana. Nos conmovía ver que su hermana mayor lo trataba con compasión. En otro tenor más práctico, trabajamos diligentemente en buscar tiempo para nuestro matrimonio. Como pareja necesitábamos salir. Así que cuando conseguimos una persona de confianza, planificamos escapadas que atesoramos hasta el día de hoy.

Matthew murió en 1990, pero vive en nuestro corazón, y nunca podremos olvidar las lecciones que nos enseñó.

Mensaje para otras parejas

Sean francos al hablar de sus desilusiones específicas, y encuentren rayos de gozo en medio de su dolor.

Solución a problemas de la vida real

CÓMO TRATAMOS CON UN HIJO REBELDE

Dave y Jan Stoop
Casados en 1957

Nunca se nos ocurrió pensar que nuestro hijo tendría problemas con drogas. Y no nos imaginamos cómo este tipo de problema podía afectar al matrimonio. Habíamos estado casados por dieciséis años, y yo (Dave) trabajaba en la iglesia como pastor asociado, cuando uno de nuestros hijos comenzó a juntarse con malas compañías. Con trece años, el muchacho estaba en camino de convertirse en un drogadicto con todas las de la ley. Fue el comienzo de un viaje doloroso de quince años que pensamos que nunca acabaría. Por diez años fue adicto a la heroína, y la mayor parte del tiempo no tenía idea de quién era, o si estaba vivo.

En aquel tiempo no había mucha ayuda disponible para el problema, y ninguno de nuestros amigos nos comprendía, *ni siquiera nosotros* entendíamos lo que pasaba. Nos parecía que no podíamos hablar con nadie acerca de lo que estábamos experimentando.

La experiencia de Dave

Yo estaba en un estado de total negación. Por lo menos durante los primeros tres años del problema de mi hijo, pensé que se trataba de un asunto pasajero de conducta por la edad. Muchos más años tendrían que pasar antes de reconocer cabalmente la gravedad de la situación que teníamos. Por esa misma razón me convertí en el «facilitador» principal de mi hijo. Yo, más que ningún otro, no tenía idea de lo que pasaba. Jan sabía que el problema era más grave, pero no quería prestarle atención. Ella restaba importancia a los problemas de mi hijo, lo que solo contribuía a empeorar la situación.

La experiencia de Jan

En los primero años también tuve una especie de negación, pero de alguna manera u otra sabía que teníamos un problema con este hijo. No podía convencer a Dave del problema. Entonces, cuando intenté ser firme y dura, Dave minaba mis esfuerzos y protegía a nuestro hijo. Por supuesto, eso me hacía sentir peor, y nos distanciaba. Sentía como que hubiera caído una bomba en nuestro hogar, y que yo era la única que me daba cuenta del daño provocado. Sin embargo, en ocasiones cambiábamos nuestros papeles, y Dave podía advertir problemas de los que yo no me daba cuenta. Como pareja, no podíamos estar en la misma sintonía al mismo tiempo.

Cómo solucionamos el problema

Después de ensayar con nuestro hijo más de diez programas diferentes de recuperación, encontramos uno que exigía el tratamiento de toda la familia. Para entonces ya conocíamos la gravedad del problema, pero no sabíamos qué podíamos hacer para cambiar la situación. Este tratamiento logró ponernos en sintonía para enfrentar la adversidad, como pareja presentamos un frente unido a nuestro hijo.

También nos permitió seguir juntos como pareja durante estos años dolorosos una costumbre que iniciamos en los primeros años de nuestro matrimonio: orábamos juntos todos los días, y así lo hicimos durante esos quince años, hasta el día de hoy. Incluso cuando no estábamos de acuerdo entre nosotros con respecto a lo que hacíamos o le decíamos a nuestro hijo, cuando llegaba el momento de orar juntos, Dios unificaba nuestro espíritu.

Nuestro hijo ya ha estado en recuperación por muchos años. Al mirar hacia atrás, vemos que hubo muchas ocasiones en que nos pudimos haber dado por vencidos, y a nuestro hijo por perdido. Gracias a Dios no lo hicimos. Hoy, estamos agradecidos por las lecciones que aprendimos. Más que nada, sabemos que Dios es fiel.

Mensaje para otras parejas

Hay algo muy poderoso cuando marido y mujer oran juntos por un hijo o una hija. Esto les permitirá atravesar cualquier momento tenebroso de su matrimonio.

PARA REFLEXIONAR

➤ ¿Conocen ustedes otra pareja a la que les haya golpeado algo fuera de su control? ¿Qué hicieron ellos? ¿Qué pueden aprender ustedes de la manera en que ellos enfrentaron el golpe?

➤ ¿Ha sido su matrimonio afectado por un cambio dramático? ¿Qué momento crítico cambió su vida en común? ¿Están contentos con la respuesta que dieron? Si no lo están, ¿qué podrían haber hecho de otra manera para reaccionar mejor?

➤ ¿Qué palabras usarían ustedes para describir la principal sacudida a su matrimonio? ¿Les ha dado esto capacidad para ser más compasivos con otras personas que atraviesan su respectivo Getsemaní en su vida? ¿Cómo?

➤ En una escala de 1 a 10, ¿cómo evaluarían ustedes su recuperación? ¿Qué están haciendo esta misma semana para ayudar a afirmar los cimientos de su matrimonio desde que recibieron ese golpe?

CAPÍTULO SIETE

CÓMO LIDIAN LOS BUENOS MATRIMONIOS CON LAS COSAS MALAS

En el fondo de los seres humanos moran esos poderes dormidos; poderes que los asombrarían, y que nunca soñaron tener; fuerzas que, si despertaran y se pusieran en acción, revolucionarían sus vidas.

ORISON MARDEN

Si usted tomara un cuaderno de notas y comenzara a bosquejar cómo hacer miserable un matrimonio, dudo que se le ocurriría una estrategia mejor que la de la relación de Ted y Liz en la vida real. Ellos navegaron sin inconveniente los primeros años de matrimonio, superando las dificultades comunes a toda pareja como las rupturas de comunicación. Pero poco después de nacer su primer hijo los golpeó una serie de acontecimientos inesperados. Primero, Liz tuvo cáncer de seno. Fue una experiencia angustiosa que afectó todos los aspectos de su vida y su matrimonio. Cuatro años más tarde, Ted perdió su empleo después de una aventura amorosa con una compañera de trabajo. Arrepentido, le rogó a Liz que se quedara a su lado y, tras mucha angustia, ella accedió. Pero el esfuerzo por reparar el daño inmediato que Ted infligió a la relación se complicó por la falta de empleo. Reunir los pedazos de su vida dificultaba su búsqueda de empleo, y la pareja pronto se encontró en aprietos financieros. Sus dificultades no terminaron ahí. El hermano menor de Ted falleció en un accidente automovilístico, lo cual terminó por trastornarlo. Se hundió en una grave depresión clínica, dejando a Liz con un pequeño bebé, un presupuesto escaso y un esposo emocionalmente indiferente.

> **La buena madera no crece con facilidad; cuanto más fuerte el viento, más fuertes los árboles.**
>
> J. WILLARD MARRIOT

Algunas parejas, quizás la gran mayoría, no se recuperarían de todas estas calamidades. Una sola ya es suficiente para derrumbar un matrimonio muy bueno. Pero hoy día, casi dos décadas después del nacimiento de su primer hijo, Ted y Liz aun están juntos y felizmente casados. Si usted no conociera su historia, difícilmente podría imaginarse todo el sufrimiento que ellos han soportado. ¿Por qué? Porque aprendieron a lidiar con las cosas malas. No fue rápido, ni fácil. Pero con el tiempo, de forma gradual, paso a paso, Ted y Liz restauraron su matrimonio. Y si usted tomara su cuaderno de notas y tuviera que dibujar a grandes rasgos a una pareja feliz, difícilmente encontraría hoy una pareja que se ajustara tanto a esa descripción como ellos.

LO QUE LAS PAREJAS HACEN BIEN

Los buenos matrimonios que chocan con aflicciones no se recuperan rápidamente. Al menos, no en la generalidad de los casos. Las parejas inteligentes no creen en planes eficaces instantáneos que prometen maneras rápidas de sanar corazones, o rutas rápidas para renovar relaciones. Por el contrario, bien saben que el progreso será lento, que se da un constante logro conyugal tras otro, como un juego que se gana con una partida a la vez, o un edificio que se construye ladrillo a ladrillo. Las

> **Toda adversidad es realmente una oportunidad de crecimiento para el alma.**
>
> JOHN GRAY

parejas inteligentes no esperan tener el mundo a sus pies. Las cosas no suceden así. Pero en el fondo del alma de todo matrimonio, esposo y esposa encuentran lo que Orison Marden llama «los poderes dormidos». Cuando despierten estos poderes asombrosos, se levantarán, harán frente a la desgracia, y revolucionarán la relación. Esta puede ser una revolución gradual, pero revolución al fin, que fomentará la confianza, sanará los corazones y renovará el amor.

Sabemos que usted podría estar agotado. Quizás esté cansado de intentarlo. Ha pensado en la distancia que su relación debe recorrer, los cerros que debe escalar, y se pregunta si será posible. Pues sí, lo es. Recuerde las palabras de Dag Hammarskjold, secretario general de las Naciones Unidas: «Nunca mida la altura de una montaña antes de llegar a la cima. Entonces verá lo baja que era».

> **La bondad es la única inversión que nunca falla.**
>
> HENRY DAVID THOREAU

Todas las revoluciones comienzan con una batalla. En el caso del matrimonio es una lucha contra los aspectos malos que tienen la osadía de atacar el amor. Pero no hay nada malo que pueda soportar la ira de cónyuges que han decidido dirigir sus fuerzas contra ella. Una vez despiertos los poderes dormidos del amor en una pareja, emerge una fuerza extraordinaria que no se quedará quieta aunque el matrimonio se zarandee. *No nos conformaremos con un matrimonio mediocre*, gritan estas parejas con pasión. *Esto no nos derrotará. Sobreviviremos*. Y ganan. Encuentran la fuerza para emprender el viaje, escalar montañas y enfrentar la calamidad. No se trata de parejas fuera de lo común, ni que hayan sido bendecidas con capacidades inalcanzables. Son esposos y esposas como usted y como yo.

En este capítulo proporcionaremos cinco de las mejores herramientas que todo buen matrimonio usa para armarse contra las adversidades. A saber:

Sensatez   Asumir la responsabilidad de lo bueno
y de lo malo

Esperanza	Creer que lo bueno puede más que lo malo
Empatía	Ponerse en el lugar de su cónyuge
Perdón	Curar las heridas que uno no merece
Compromiso	Vivir el amor prometido

Esta lista es mucho pedir para los simples mortales, pero está al alcance. Con la ayuda de Dios, ustedes encontrarán un poder inimaginable para incorporar estas cualidades a su vida matrimonial.

SENSATEZ: ASUMIR LA RESPONSABILIDAD DE LO BUENO Y DE LO MALO

Las parejas en terapia matrimonial casi siempre creen que sus problemas se deben fundamentalmente a la otra persona. Como pistoleros del viejo oeste, ellos desenfundan sus dedos índices y señalan los defectos y manías del otro. Dicen cosas como: *Si no fuera por tu ira, podríamos tener un verdadero matrimonio. Si no mintieras tanto, podría confiar en ti. Si alguna vez estuvieras interesado en hablar, me interesaría en tener relaciones sexuales.*

Los terapeutas entendidos saben que independientemente del problema matrimonial, el fondo del asunto se encuentra en ambas partes. Como un móvil que cuelga del techo, un movimiento en una de las partes afecta el equilibrio de toda la estructura. De la misma manera, todos los matrimonios buscan mantener el equilibrio mientras las personas cambian posturas, actitudes y conductas para compensarse entre sí. Por lo tanto, en una relación a largo plazo, la responsabilidad de los problemas no suele corresponder solo a una persona. Antes de dar un solo paso, antes de hacer una movida, ambos deben comprender que lo importante no es *quién* está mal sino *qué* está mal.

> **Levántame y yo te levantaré, y juntos ascenderemos.**
>
> PROVERBIO CUÁQUERO

CÓMO LIDIAN LOS BUENOS MATRIMONIOS ...

Cuando Bill McCartney fundó en 1990 *Guardadores de Promesas,* un ministerio dedicado a desarrollar hombres íntegros, él de veras creía que su matrimonio con Lyndi marchaba bien. Sin embargo, su compromiso, tanto de entrenar otra temporada estelar en la Universidad de Colorado como de establecer su nuevo ministerio, le proporcionó el camuflaje perfecto para la hipocresía en su vida personal. «Podría parecer insólito», escribió en su libro *Sold Out* [Agotado], «pero aunque espiritualmente *Guardadores de Promesas* me inspiraba en serio, mi exagerada dedicación a este ministerio me distraía de ser, en el verdadero sentido, fiel a mi palabra en mi propia familia».

McCartney señala dos acontecimientos que le mostraron que había perdido el contacto en su relación y que evitaba asumir la responsabilidad del estado de su propio matrimonio. El primero fue una reunión de *Guardadores de Promesas,* donde se pidió a los hombres que escribieran la calificación que sus mujeres darían a sus respectivos matrimonios, si tuvieran que evaluarlos en una escala de uno a diez. Desde la plataforma, y ante los demás hombres, él debió admitir con vergüenza que Lyndi posiblemente le daría un seis.

Entonces en el otoño de 1994, McCartney escuchó la siguiente afirmación rotunda de un conferencista: «Si usted quiere conocer el carácter de un hombre, vea la cara de su mujer. Lo que él haya hecho, o dejado de hacer, se reflejará en el rostro de ella». McCartney entonces comprendió algo. Según sus palabras, llevó a su «mujer herida» al estacionamiento, con la determinación de tomar medidas drásticas para reconstruir su matrimonio. Poco tiempo después, el entrenador anunció su renuncia a la Universidad de Colorado para pasar más tiempo con Lyndi. Para ello, renunció a los diez años restantes de su contrato de trescientos cincuenta mil dólares anuales. La revista Sports Illustrated lo tildó de «antiestadounidense». McCartney lo llamó «asumir la responsabilidad por el estado de su matrimonio».

El mejor momento en todo matrimonio es el día en que ambos cónyuges asumen la responsabilidad en la parte que les corresponde. Esto no implica nada tan dramático como renunciar al empleo, pero puede ser igual de aterrador. Asumir la responsabilidad de algo importante implica nuevos temores. Seguramente Nelson Mandela pensó en eso cuando dijo: «Nuestro más grande temor no es descubrir que no servimos, sino descubrir que somos inmensamente poderosos».

Lo más rápido, y fácil, es evitar la responsabilidad de nuestros problemas, culpando a alguien más. Pero a la larga, reconocer nuestros errores, y asumir la responsabilidad en nuestra parte del problema, es precisamente el indicador más poderoso para convertir algo malo en bueno.

ESPERANZA: CREER QUE LO BUENO PUEDE MÁS QUE LO MALO

Cuando marido y mujer asumen juntos la responsabilidad en su relación, tanto de lo bueno como de lo malo, plantan una semillita de esperanza. Sus diminutas raíces encuentran suelo fértil, libre de pensamientos negativos acerca de lo que alguien debió hacer, o de lo que alguien dejó de hacer. Con el tiempo, de esa semillita germinará el optimismo.

Yo (Les) aprendí el potencial inmenso que tiene la esperanza cuando trabajaba como sicólogo clínico en la unidad de quemaduras en la Facultad de Medicina de la Universidad de Washington. Como parte de un estudio de dos años que analiza cómo las actitudes de los pacientes repercuten en su recuperación, descubrimos que quienes dicen tener esperanza se recuperan más rápida y eficazmente que los demás. Lejos estamos de necesitar un estudio, por supuesto, para conocer el valor de la esperanza en el espíritu humano.

Pero en el caso del matrimonio consumido por algo malo, algunos necesitamos que nos convenzan un poco más. Después de todo, la esperanza es un riesgo, y tememos que nuestras esperanzas se frustren.

En cierta ocasión preguntamos a un grupo de estudiantes universitarios si tenían esperanza. Si recordamos bien, la mayoría dijo que sí. Pero uno de los estudiantes levantó la mano e hizo una pregunta capciosa: «¿Cómo puedo saber si tengo esperanza?» Él se preguntaba cómo podría reconocer la experiencia de la esperanza. ¿Cuáles son sus ingredientes? No sé si le dimos una respuesta satisfactoria ese día, pero desde entonces hemos concluido que la experiencia interna de la esperanza supone al menos tres aspectos.[1]

Primero, la esperanza supone *deseo*. Deseamos tener un tipo de matrimonio que todavía no tenemos. La esperanza también supone *creer*. Creemos posible la clase de matrimonio que deseamos. Pero la esperanza también supone *preocupación*. Si bien es completamente posible tener el tipo de matrimonio que deseamos, no estamos plenamente convencidos de tenerlo alguna vez. Nos preocupa el temor a nunca lograrlo, y cuanto mayor es el temor, menos esperanza tenemos. Por eso la esperanza humana siempre es un riesgo.

Si ustedes tienen dificultad en hacer acopio de esperanza para su matrimonio, quizás les sirva de consuelo saber que tienen más esperanza de la que creen tener. Esta tal vez no sea fácilmente accesible; sus preocupaciones y temores la mantienen oculta, pero ustedes sí tienen esperanza. «La esperanza se origina en la médula», como lo expresa nuestro amigo Lew Smedes. «Nuestro espíritu se creó para tener esperanza, como nuestro corazón está hecho para amar, y nuestra mente para pensar».[2] Karl Menninger llama a la esperanza «el instinto de vida».[3] La antigua historia de la caja de Pandora nos revela que siempre hemos sabido en el fondo de nuestro corazón que no podríamos vivir sin esperanza.

> **La esperanza tiene dos hijas hermosas. Sus nombres son ira y valentía; ira de la manera en que son las cosas, y valentía para encargarse de cambiarlas.**
>
> SAN AGUSTÍN

La historia mítica de Pandora comienza cuando el dios griego Zeus desciende del monte Olimpo y le entrega a ella un baúl repleto con todo lo que un hombre y una mujer necesitan para vivir siempre felices. El baúl estaba sellado, y Zeus le advirtió a Pandora que no lo abriera. Pero ella cedió a su curiosidad y forzó la tapa para husmear su interior. Todas las bendiciones se escaparon del baúl, quedando fuera del alcance del hombre. Sin embargo, en el baúl quedó una bendición para que el hombre y la mujer pudieran mantenerla. Era la esperanza. Mientras haya esperanza, tendremos fuerzas para seguir buscando las bendiciones que salieron de nuestro alcance.

La esperanza mantiene vivo al amor. Sin esperanza muere la relación conyugal. Mientras podamos imaginarnos un matrimonio mejor, y mantengamos viva la creencia de que algún día lo disfrutaremos, aun es posible ganar la batalla contra las adversidades. La esperanza nos permite vislumbrar que podemos restaurar nuestro mundo.

Empatía: Ponerse en el lugar de su cónyuge

«Antes de abandonar este auditorio tomen una cajita que encontrarán sobre una mesa en la entrada. Ábranla tan pronto como lleguen a sus hogares, y dejen escapar el contenido. Es una caja de empatía».

A menudo hemos soñado con poder decir algo como esto a un grupo de asistentes a los seminarios de matrimonios. No conocemos otra cualidad que pueda hacer más por un matrimonio que la empatía. Esta es la capacidad de ponerse en el lugar de su cónyuge, ver el mundo desde esa perspectiva, e imaginarse lo que sería vivir en su lugar. Walt Whitman se refirió a la empatía en 1855, cuando escribió su obra maestra *Leaves of Grass* [Hojas de hierba]: «No pregunto cómo se siente el herido; yo mismo me *convierto* en el herido.»

Investigaciones han demostrado que el noventa por ciento de las dificultades en el matrimonio se subsanarían con solo considerar el problema desde la perspectiva del otro. La empatía es el corazón del amor. Sin embargo, las parejas enamoradas corren el riesgo de hacerle caso omiso. ¿Por qué? Porque es difícil hacer esto. La empatía requiere que amemos a nuestro cónyuge con raciocinio y corazón simultáneamente. La mayoría de nosotros hacemos bastante bien lo uno o lo otro: o sentimos el dolor de nuestro cónyuge en el corazón, o intentamos solucionar su problema con raciocinio. Hacer ambas cosas puede resultar complicado. Pero ese es el costo y el don de la empatía.

> **La empatía mutua es el gran don humano no reconocido.**
>
> Jean Baker Miller

¿Son incapaces algunas personas de sentir empatía? Solamente narcisistas y anormales sin conciencia. Todos los demás podemos usar el raciocinio y el corazón para ponernos en el lugar del otro. Esto se ha demostrado. Como en el caso de la esperanza, tenemos algo en nuestra naturaleza, desde el principio, que sienta las bases de la empatía humana. Por ejemplo, un bebé recién nacido que está contento, empieza a sollozar cuando siente llorar a otro bebé. Los estudios han encontrado que el llanto del bebé no se desencadena solo por oír un ruido fuerte, sino por el sonido de angustia de un congénere.

Entonces, si desde hace tiempo ustedes han venido descuidando la empatía en su matrimonio, permítannos una sugerencia. No importa cuáles sean sus dificultades en particular, no importan las cosas malas con que hayan tropezado, estamos convencidos de que pronto reconocerán los beneficios de la empatía si llevan a cabo juntos un ejercicio sencillo. Se trata de comprender el hogar familiar en que se crió su cónyuge.

> **Para que un hombre sea grandiosamente bueno debe tener una imaginación intensa y cabal; debe ponerse en el lugar de otro.**
>
> PERCY B. SHELLEY

La mayor parte de la gente no entiende hasta qué punto su matrimonio es producto de la relación conyugal que observaron al crecer. Para bien o para mal, tanto esposo como esposa llevan inconscientemente comportamientos, creencias, caprichos y actitudes a su matrimonio. Como actores que en una representación dramática siguen el guión (el que observamos mientras crecíamos), cada uno de nosotros desempeña su papel en el matrimonio sin detenerse mucho a pensar en el personaje. Como resultado, nos vemos inmersos en la trama de una historia que nunca pretendimos escribir. ¿Por qué? Porque no nos tomamos el tiempo para explorar detenidamente el hogar familiar del otro. Sin saberlo, absorbimos de nuestra familia original la manera en que debe ser el cónyuge, y también hemos creado pautas a las que nuestra pareja debe adaptar su papel. Por eso algunos matrimonios buenos tienen relaciones difíciles.

¿Tendría algún provecho regresar en el tiempo y observar de primera mano el tipo de hogar y las experiencias que su cónyuge tuvo en la niñez? ¿Tendría ahora más sentido el papel que desempeña su cónyuge? Sin duda. Esto sirvió de mucho para el otrora jugador profesional de fútbol americano de los Vikingos de Minnesota, Doug Kingsriter. Él escribe acerca de un tiempo en que junto a su esposa Debbie, debido a una tormenta de nieve, quedaron atrapados tres días en casa de sus suegros. Con tiempo de sobra, Doug acabó mirando todas las películas caseras que la familia de Debbie había filmado a través de los años. Vio cómo la familia festejaba los cumpleaños de ella, y cómo Debbie se esforzó por ser Miss América Adolescente. Vio cómo sus padres interactuaban, el modelo de matrimonio que ella tuvo. «Prácticamente, la vi crecer», dijo Doug. «Al tercer día me di cuenta que la niña en las películas era la misma persona con quien me había casado. Esto me permitió ver por primera vez quién era Debbie de veras». Lo llamó «un despertar» en su matrimonio. «Desde entonces la escucho con más atención y la trato con más respeto».

Tal vez ustedes no tengan películas caseras para ver, pero pueden explorar el pasado junto con su cónyuge mientras intentan imaginarse cómo habría sido criarse en su lugar.

Rita, hija única, se crió en un hogar donde se sentía querida por un padre y una madre que hicieron lo imposible por cuidarla. Atendían constantemente a Rita, y uno al otro. Entonces, cuando ella se casó con Vince, hijo del medio entre varios hermanos, supuso erróneamente (como muchas personas suponen en sus matrimonios) que «lo que es bueno para mí, es bueno para ti». Lo cuidaba como la habían cuidado a ella. Por ejemplo, le llevaba bocadillos, tuviera hambre o no. Para ella esto era una expresión de cariño. Para él, era tirar la comida. Ella le dejaba lista una camisa para que él se la pusiera en la mañana. Esto para ella era ser atenta. Él se sentía asfixiado. Era demasiado para Vince. Lisa y llanamente lo irritaba tanto «cuidado». Rita no tenía idea por qué él se enojaba tanto. Creía ayudar, cuando en realidad empeoraba las cosas. No se trataba de nada personal. Vince simplemente se sentía asfixiado por el mucho cuidado que ella le prodigaba. ¿A qué queremos llegar? Rita nunca logrará amar bien a Vince mientras no se ponga en el lugar de él. A propósito, lo mismo es válido para Vince.

Al tener empatía con nuestro cónyuge no lo volveremos a ver como antes. Esa es la magia de la empatía. Trae comprensión. La comprensión trae paciencia. La paciencia trae gracia. Y, ¿a qué matrimonio le sobra gracia? No conocemos ninguno.

La gracia permite ejercitar el gesto poco natural del perdón.

PERDÓN: SANIDAD DE HERIDAS QUE NO MERECEMOS

Esposos y esposas que han asumido la responsabilidad, tanto de lo bueno como de lo malo; que han plantado una semilla de esperanza, porque creen que lo bueno puede más que lo malo; y que se han animado a ponerse en el lugar del otro para ver que lo malo no era tan malo como habían supuesto, están a años luz de distancia del común de personas casadas. Sin embargo, no les es posible sobrevivir sin una gran dosis de perdón.

Quizás muchos matrimonios no perduran por la imposibilidad de perdonar o de aceptar el perdón. ¿Cómo es posible que dos personas con muchas oportunidades de herir los sentimientos del otro, puedan sobrevivir sin decir «lo siento»? No obstante, en nuestra labor de terapeutas hemos encontrado que muchas personas tienen gran dificultad para saber cuándo y cómo decir estas palabras. No saben cuándo corresponde perdonar.

> El amor es un acto de interminable perdón, una mirada tierna que se convierte en hábito.
>
> PETER USTINOV

La mayoría de las personas casadas creen que perdonar está bien, y que guardar rencor está mal. Pero esto puede llevar a que algunos perdonen con demasiada ligereza. Se transforman en perdonadores irreflexivos para sacarle ventaja a su pareja y hacerla sentir culpable. O perdonan demasiado rápido para evitar el dolor. Piensan: *Soportaré este trato espantoso porque no sé qué sería de mí si no contara con él*. De todos modos, el perdón poco meditado es perjudicial. El perdón no es para esto.

Otras personas equivocadamente toman el enfoque opuesto con el perdón. Se aferran a su perdón por temor a no recibirlo. *Al* fin y al cabo, razonan, *¿qué sentido tiene perdonar a la persona que tan profundamente nos lastimó?* No saben que el principal motivo para perdonar radica en lo que el perdón hace por quien perdona. Sentir rabia contra nuestro cónyuge nos daña más a nosotros que a él. Por eso «la primera y a veces la única persona sanada por el perdón es quien perdona», como dice Lewis Smedes. «Cuando perdonamos en serio, dejamos un prisionero en libertad, y luego descubrimos que fuimos nosotros los liberados».[6]

Perdonar es detener el juicio, renunciar a la venganza, renunciar a la amargura, romper el silencio del alejamiento, y desearle de veras lo mejor a la persona que nos ha lastimado. El perdón no es para los de corazón débil. Nuestro sentido de justicia se echa atrás al pensar en este acto contra nuestra naturaleza. Solamente los valientes perdonan.

> **El matrimonio es tres partes de amor y siete de perdón de pecados.**
>
> LANGDON MITCHELL

En un buen matrimonio dos personas se ayudan a volverse mejores para perdonar al pedir perdón declarándose culpable, y también perdonando cuando sea necesario. *Lo siento. ¿Me perdonas?* Estas palabras sencillas son una salida posible al inevitable juego de culpabilidades que atrapa a muchas parejas.

—¿Dónde está la camisa blanca que prometiste recoger de la lavandería? —dice el marido.

—No prometí recogerla.

—No puedo creerlo.

—No me culpes. Es tu camisa.

—Sí, pero anoche te pedí que la recogieras. ¿Por qué no lo hiciste?

—¡Estás loco! Anoche apenas hablamos porque te fuiste al partido con Rick. ¿Lo recuerdas?

—¡Ah! Ahora entiendo. No recogiste mi camisa porque estabas enojada conmigo por haber ido al partido.

—Un momento. ¿Quién se enfurece si no estoy en casa para preparar la cena todas las noches?

Este estúpido diálogo se repite y se repite hasta que, al fin, uno de los dos dice: «Lo siento. ¿Me perdonas?» En la rutina diaria que a veces es el matrimonio, el perdón es lo que nos permite seguir adelante.

> **Un buen matrimonio es la unión de dos perdonadores.**
>
> RUTH BELL GRAHAM

Pero para algunas parejas agonizantes, un dolor devastador —absolutamente inmerecido y contra la moral de Dios— exige que el perdón sea más que eso. En ocasiones, en un buen matrimonio, el dolor de la traición ha producido una herida tan profunda, que el perdón es la única posibilidad para ellos; lo contrario implica la separación. El perdón es la única esperanza para evitar la ruptura. ¿Puede ser posible? ¿Es justo exigir tanto al perdón? Sí, sin duda. El propósito del perdón es exactamente hacer esto: sanar las heridas más profundas del corazón humano.

Pocos matrimonios han sido rescatados por algo más que no sea el perdón. Pregúntenle a Gordon MacDonald, pastor de la Iglesia Bautista Trinity en la ciudad de Nueva York. «Había ofendido terriblemente a Dios y a quienes más amaba», escribe. «Tenían pleno derecho para darme la espalda, y convertirme en rehén de su ira».[7] El engaño a su mujer había llevado a su matrimonio al borde mismo del más oscuro abismo, y lo único que les evitó resbalar fue su humilde arrepentimiento y el valiente perdón de su esposa.[8]

La fuerza más creativa en el alma de cualquier matrimonio es el poder de sanar los dolores que no merecemos. El perdón permite la transformación de la parte culpable, y la sanidad de quien sufrió el agravio.

Aparte de romper el círculo vicioso de culpabilidad y de doblegar el dominio de la culpa, el perdón produce algo más en buenos matrimonios. Pone a ambos del mismo lado de la valla, o quizás derriba la valla que los separaba. El perdón nos permite entender que, aunque nos pese, no somos tan distintos del que cometió la falta. Este es el llamado al compromiso de parte de la pareja.

Solución a problemas de la vida real

CÓMO ENCONTRAMOS EL PERDÓN DESPUÉS DE UNA AVENTURA EXTRAMATRIMONIAL

Richard y Linda Simons
Casados en 1970

Llevábamos una vida vertiginosa desde el comienzo, a tanta velocidad que a la larga se volvió incontrolable. Richard había iniciado su propia agencia de publicidad; ganábamos mucho dinero, comprábamos autos lujosos, y vivíamos en la opulencia. Parecía que no había nada que no pudiéramos hacer o tener. Y para mí (Richard) eso incluía mujeres. Al poco tiempo de casados yo ya había tenido una serie de aventuras amorosas, que a la larga destruyeron la esencia misma de nuestro matrimonio. Por más de cinco años engañé a Linda, frecuentando otras mujeres y tratando de convencerme de que eso no importaba. Todo cambió un sábado de septiembre, cuando nos sentamos como marido y mujer, y por primera vez hablamos con sinceridad. Le confesé mis amoríos; Linda, embarazada de nuestro segundo hijo, me exigió el divorcio

La experiencia de Richard

Difícilmente usted encontraría un esposo más irresponsable y egocéntrico que yo. Como empresario, ponía las reglas para todo lo que acontecía en mi vida, no rendía cuentas a nadie. Mientras ampliaba mi negocio y disfrutaba las ventajas del éxito comercial, veía en las mujeres otro objeto de conquista, otro trofeo. Le mentía a Linda para estar con otras mujeres. Las perseguía, planeando mis días y mi horario en torno a ellas. Las seducía solo por diversión. Una noche. Una semana. No importaba. Se trataba de mí y de mi estilo deshonesto de vida. Mi vida era una mentira.

La experiencia de Linda

Richard estaba cada vez más inmerso en su carrera profesional, y yo me sentía desesperadamente sola. Cuanto más éxito tenía él, más relegada me sentía. Al fin entendí lo que pasaba. En las noches y los fines de semana él se quedaba demasiado tiempo en la oficina, y resultaba evidente que no se trataba solo de reuniones con clientes. Llegaba a casa a cualquier hora de la noche con excusas increíbles. En el fondo yo sabía que me era infiel. Mi esposo mostraba poco interés en tener relaciones sexuales conmigo, me criticaba constantemente y, en mayor o menor grado, tenía su propia vida y no una vida en común conmigo.

Cómo solucionamos el problema

El momento decisivo llegó cuando Richard me confesó sus amoríos, y se arrepintió. Ese mismo día llamamos a un ministro ordenado, quien nos aconsejó largamente por teléfono. Al día siguiente estábamos en la iglesia, un lugar al que hacía mucho que no concurríamos. Ahí comenzamos a rearmar nuestras vidas. Al cabo de un tiempo, yo (Linda) decidí que valía la pena luchar por nuestro matrimonio, y dejé de amenazar a Richard con el divorcio. Lamentablemente también pensé en tener un aborto; cambié de idea.

Desaceleramos nuestro ritmo, hicimos nuevas amistades y empezamos a reconstruir nuestra vida juntos. Para mí, eso implicó aprender a perdonar a Richard. Lo que él hizo me partió el corazón. No sabía si perdonarlo. Comenzamos con la terapia y nos esforzamos por encontrar nuevas vías de comunicación. Aprendimos nuevas técnicas para llevarnos bien. Pero durante todo este tiempo mi corazón se esforzaba por sanarse y aliviar el dolor que Richard le había provocado. No puedo precisar el tiempo o el día que logré perdonar, pero fue durante ese año de recuperación que mi corazón lastimado volvió nuevamente, y por la gracia de Dios, a darle cabida a Richard.

Yo (Richard) comencé mi propio viaje reformador. La responsabilidad pasó a ser parte de mi vida. Me rodeé, y rodeamos nuestro matrimonio, de personas positivas. Hice del matrimonio mi prioridad. Aprendí a honrar a Linda y a valorar nuestros momentos románticos. Asistimos a seminarios matrimoniales y a terapia conyugal. Hicimos todo lo posible. Pero, fundamentalmente, nuestro matrimonio sobrevivió ese tiempo infernal gracias al perdón: la fuente de vida de nuestra relación.

Mensaje para otras parejas

Con el perdón que colma nuestro corazón cuando aceptamos la maravillosa gracia de Dios es posible sobrevivir a casi todo.

COMPROMISO: VIVIR EL AMOR PROMETIDO

«En las buenas o en las malas, en riqueza o en pobreza, en enfermedad o en salud, hasta que la muerte nos separe». Son solo palabras. Una simple frase, en realidad. Se dicen en todas las bodas. ¿Les impresionan? Posiblemente no. Una cosa es pronunciar estas palabras, otra es cumplir la promesa. Seamos sinceros, esta promesa solo puede cumplirse en el transcurso de la vida. Y la mitad del tiempo la rompemos.

Habíamos reunido en nuestra facultad a un pequeño panel de expertos matrimoniales, con el fin de contestar preguntas de un auditorio de casi doscientos universitarios que analizaban el matrimonio. Ninguno de estos expertos tenía un doctorado. No habían escrito artículos académicos ni nada relacionado con el matrimonio. Ni siquiera sabemos si alguna vez leyeron un artículo sobre el matrimonio. Lo único que sabíamos era que estas parejas eran expertas por virtud de la longevidad de sus relaciones. Elvin y Lois, setenta y dos años de casados. Ken y Mable, sesenta y ocho años de casados. Eldon y Dotty, setenta años de casados.

«¿Sabían ustedes que los matrimonios podrían durar tanto tiempo?», preguntamos a los estudiantes al iniciar el período de preguntas. Ellos estaban admirados por estas parejas afables y las miraban con curiosidad, como si se tratara de piezas de museo. Un estudiante alzó la mano y rompió el hielo: «Si sumamos la cantidad de años que estas parejas han estado casadas totalizamos 210». Los estudiantes rieron, pero se hizo un silencio absoluto cuando otro estudiante preguntó: «¿Qué los ha mantenido unidos durante todos estos años?»

Elvin fue el primero en tomar la palabra. «La firme determinación de mantenernos unidos», dijo. El resto del panel asintió.

Bill Lake también habría estado de acuerdo si hubiera estado presente. Él es un hombre casado, de 103 años de edad, y vive en

Yakima, Washington. Ha cumplido su promesa de compromiso como muy pocos. Todos los días, sin falta, visita el centro de convalecencia donde está su esposa Gladys, se sienta a su lado y ve cómo su cuerpo se apaga bajo el mal de Parkinson. Sus manos antes temblaban por la enfermedad, pero ahora están quietas. Cuando gozaba de salud su habla era fluida, pero ahora permanece en silencio. Su rostro, que se iluminaba al ver a su marido, ahora es inmutable.

> El matrimonio es un compromiso, una decisión que tomar, durante toda la vida, que exprese amor al cónyuge.
>
> HERMAN H. KIEVAL

«No resulta nada agradable ni para mí ni para ella», dice Bill. «Pero, ¿qué podemos hacer?» Lo que hace Bill indica pura dedicación. Se sienta en una silla al lado de la cama de Gladys cuatro horas diarias, una visita en la mañana y otra en la tarde. Durante ese tiempo le lee, le habla sobre la vida que tuvieron juntos, o simplemente se queda sentado a su lado, fiel a la promesa que le hizo setenta y dos años atrás.

Siempre que Bill visita a Gladys le alisa el pelo hacia atrás, la saluda con un beso en la frente, y con voz tranquila le dice: «Hola, cariño. ¿Me oyes?» Los ojos de ella simplemente giran.

En las buenas y en las malas. Más vale que lo crean. Bill ha estado visitando a su esposa en el centro de convalecencia por casi diez años. Durante ese tiempo ha visto cómo algunas personas dejan allí a sus parientes y nunca regresan. Ha visto morir gente en soledad. Pero él promete que mientras viva no dejará que eso le ocurra a su mujer. Sabemos con firmeza que así será.

El aspecto del matrimonio «hasta que la muerte nos separe» no es un ideal inalcanzable, sino una viva realidad asegurada por un firme compromiso; una decisión resuelta de mantener vivo el amor. No importa cuánto hace que una pareja está casada, el compromiso puede ser el instrumento más eficaz que los buenos matrimonios usan para enfrentar aflicciones. Sin compromiso, y sin la confianza que genera, los matrimonios no tendrían posibilidad de perdurar.

El Dr. Scott Stanley, del Centro de Estudios Sobre el Matrimonio y la Familia, de la Universidad de Denver, posiblemente es quien nos ha hecho entender más en qué consiste el compromiso y cómo opera. Después de años de investigaciones ha llegado a la conclusión de que el término *compromiso* se usa por lo general de dos maneras.

La primera implica *coerción*, y genera sentimientos de obligación. Mantiene a la pareja casada, no por sentirlo de corazón sino por haberlo prometido.

El segundo aspecto del compromiso implica *dedicación*, y genera entusiasmo y participación. Se traduce en devoción activa de uno hacia el otro y hacia el matrimonio. No sorprende que ciertos estudios demuestren que las parejas consagradas enfrentan lo malo con mayor eficacia que aquellas cuyo compromiso solamente lo alienta la obligación.[9]

> **En el matrimonio ideal marido y mujer no son recíprocamente leales por obligación sino porque ese es su gozo.**
>
> E. MERRILL ROOT

En la película *City Slickers* [Urbanitas] hay un ejemplo de dedicación protagonizado por el personaje de Billy Crystal. Su amigo Ed, que también es casado, le plantea la siguiente situación:

—Supongamos que aterriza una nave espacial, y que baja la mujer más hermosa que hayas visto —dice Ed—. Lo único que ella desea es tener contigo la mejor relación sexual del universo. Al terminar, ella desaparecerá para siempre. Nadie lo sabrá. ¿Quieres decirme que no lo harías?

—No. Lo que me cuentas le sucedió de verdad a mi primo Ronald. Y su esposa *sí* se enteró, en el salón de belleza. Ahí saben todo lo que pasa.

—¡Olvídalo!

—Mira, Ed. Lo que quiero decir es que no es suficiente que Barbara no lo supiera. *Yo* lo sabría. Y no estaría contento conmigo. Eso es todo.

Algunas personas consideran el compromiso como Ed, buscan la manera de eludirlo o las lagunas que puedan encontrar. Se sienten atrapadas por el compromiso, restringidas, en lugar de sentirse fortalecidas por su devoción. La pregunta, entonces, no es si usted y su cónyuge están comprometidos, sino, ¿tienen el compromiso adecuado?

Todo matrimonio permanece unido, hasta cierto punto, por restricciones: obligación moral contra el divorcio, bienestar de los hijos, consideraciones económicas, etc. Las restricciones son solo un factor del matrimonio, y no son malas. No piensen en términos de abolir las restricciones; más bien, piensen en cómo aumentar su devoción. La dedicación combinada con las restricciones es lo que Scott Stanley llama «el pegamento *epoxy*» del matrimonio: un vínculo muy resistente creado al unir dos compuestos muy fuertes.

Ese, después de todo, es el motivo de los votos matrimoniales. Muchas buenas parejas han entendido mal la naturaleza de sus votos. Pensaron que sus promesas eran una expresión de los sentimientos que tenían uno por el otro, una predicción de sus sentimientos futuros. Es todo lo contrario. Los votos son promesas para cuando el éxtasis del sentimiento de amor *no* esté presente. Los votos no dependen de nuestros sentimientos sino del compromiso con la relación, para permanecer fieles a pesar de los sentimientos.

> El matrimonio es nuestra última y mejor oportunidad de crecer.
>
> JOSEPH BARTH

Todos sabemos que el matrimonio no es un picnic. Al menos, no siempre. Incluso hasta en un picnic a veces llueve. «Las hormigas pican, los mosquitos también, y la ensalada de papas produce indigestión», como dice Ruth Senter. «Pero diremos "Para siempre" porque hemos optado por el amor».

Solución a problemas de la vida real

CÓMO HEMOS MANTENIDO NUESTRO COMPROMISO

Jeff y Stacy Kemp
Casados en 1983

Nunca esperamos que el matrimonio sería fácil. Pero tampoco nos imaginamos que sería tan difícil. Sin embargo, lo fue. Recién nos habíamos casado cuando nos topamos con dos personalidades encontradas, que ya llevan dos décadas juntas. Como resultado, tenemos más irritaciones y discusiones entre nosotros de las que nos gustaría reconocer. A veces parecería que estamos más divididos que unidos. Digamos que ambos tenemos motivos para preguntarnos por qué nos casamos con alguien tan distinto. Ambos hemos tenido oportunidad de impugnar nuestro compromiso. Pero no lo hicimos. Hemos aguantado, en las malas y en las buenas, no por los hijos (aunque eso es vital) sino porque valoramos el amor de toda la vida. Valoramos el matrimonio, su santidad y su propósito. Valoramos el compromiso. Gracias a eso nuestro matrimonio está mejor que nunca.

La experiencia de Jeff

Si me comparo con Stacy, soy muy impulsivo. Me gusta hacer las cosas tan pronto como se me ocurren, no reparo en detalles. No necesito una programación para saber cuándo hacer algo, y si puedo hacerlo. Si no fuera por mi empleo, pasaría semanas sin programar. Stacy es distinta. Su vida funciona como un reloj suizo. Nuestras personalidades son como el día y la noche, y ambos tenemos estilos dominantes: lo cual ha sido la causa de gran parte de la tensión entre nosotros.

Cuando nació el primero de los cuatro varones, el nivel de tensión en nuestro hogar llegó a una nueva cumbre. Al mirar hacia el pasado, ahora me doy cuenta que fui insensible. Cuando después del primer varón vinieron el segundo, el tercero y el cuarto, Stacy trabajaba como loca para administrar la casa como ella necesitaba que funcionara; mientras yo, más o menos, me sentaba a un lado y miraba de reojo. Yo no entendía su manera de hacer las cosas, y ella no comprendía la mía. Pero eso nunca me hizo dudar de nuestro compromiso.

La experiencia de Stacy

Al compararme con Jeff, soy muy organizada e incluso algo compulsiva, pero dependo de esto para administrar una casa con cuatro varones: ¡cinco, contando a Jeff! ¡Claro que me disgusto con Jeff porque no me entiende! Y me disgusto con él porque no se parece más a mí. Tenemos estilos diferentes. Tratamos casi todo desde perspectivas distintas. A él le gusta socializar a gran escala; yo disfruto más una noche tranquila con mis amigos. Soy objetiva; él es subjetivo. Me gusta ajustarme a una programación, él prefiere guiarse por la intuición. Sin duda que Jeff y yo hemos mejorado con el paso de los años, pero todavía estamos lejos de ponernos de acuerdo en todo. Sin embargo, nunca hemos dudado en luchar por esta relación, y en cumplir nuestro compromiso mutuo.

Cómo cumplimos nuestro compromiso

Dejemos esto bien claro: la palabra divorcio no forma parte de nuestro vocabulario. Ninguno de los dos la considera una opción para nuestras dificultades. Hemos visto cómo, después de un divorcio, varias parejas cambian un conjunto de problemas matrimoniales por otros diferentes. No queremos eso. Nuestra concepción del matrimonio no incluye tirar la toalla. Nos queda mucho camino por recorrer para hacer que la relación resulte. Por supuesto, necesitamos fe: en el otro y en Dios. Solo estamos juntos hoy como marido y mujer, porque ambos dependemos de que Dios nos acompañe.

Yo (Jeff) me he esforzado por comprender las diferencias entre hombres y mujeres. He luchado por comprender a Stacy, y a los estilos distintos que tenemos de hacer las cosas. Yo (Stacy) me he esforzado por apreciar y respaldar a Jeff. Pero a pesar del esfuerzo que hacemos, fracasamos continuamente en el intento de amarnos como quisiéramos. Por eso la fuerza de nuestro compromiso descansa en Dios, y no en nosotros. Por eso la alegría compensa de sobra las frustraciones en nuestro matrimonio.

Mensaje para otras parejas

Saquen la palabra divorcio de su vocabulario y vislumbren juntos un futuro luminoso que forme actitudes, opciones y acciones para hoy.

Como dijimos al principio, si un buen matrimonio ha tropezado con situaciones difíciles, el viaje para retomar lo bueno que temen perder no será rápido ni suave. No obstante, con el tiempo llegarán a su destino si ustedes...

asumen la responsabilidad, tanto de lo bueno como de lo malo,

creen que lo bueno podrá más que lo malo,

se ponen en el lugar del otro,

se esfuerzan por sanar las heridas que no merecen, y viven el amor que se prometieron.

Así que no se desanimen. Posiblemente están más cerca de lo que creen. «Muchos de los fracasos de la vida», decía Thomas Edison, «son de personas que cuando se rindieron no se dieron cuenta de lo cerca que estaban de lograr algo».

PARA REFLEXIONAR

➤ ¿Están ustedes de acuerdo en que las dificultades solo pueden superarse cuando en una buena pareja cada uno asume la responsabilidad de sus propias actitudes y acciones? ¿Pueden recordar un momento específico cuando hicieron esto en su matrimonio? ¿Cuál fue el resultado?

➤ Ciertos expertos dicen que la esperanza no es un concepto vago que algunas personas quisieran hacernos creer. Se trata de tener metas concretas. ¿Qué piensan ustedes? ¿Les resulta provechoso dar forma a sus esperanzas para que su matrimonio tenga metas?

➤ ¿Cuán a menudo diría usted conscientemente que se puso en el lugar de su cónyuge? ¿Recuerda algún momento en que la empatía cambió sus perspectivas con respecto a algo en su matrimonio?

➤ El perdón es verdaderamente un método radical de restauración. Al mirar hacia el pasado de su vida matrimonial, ¿pueden identificar momentos en que el perdón que dieron o recibieron cambió el curso de su relación? ¿Cómo?

CAPÍTULO OCHO

¿POR QUÉ A MENUDO UN BUEN MATRIMONIO NOS DUELE EN EL ALMA?

El matrimonio reclama la clase de fe más radical.

Elizabeth Cody Newenhuyse

La semana pasada nos mudamos de Seattle a la ciudad de Oklahoma. No es un cambio definitivo, pero los próximos doce meses viviremos en esa ciudad, y trabajaremos en las oficinas del gobernador, en uno de los programas sociales más sorprendentes e innovadores de la nación.

Después de Nevada, Oklahoma es el estado que tiene la tasa de divorcios más alta de EE.UU. Exactamente aquí, en medio de la zona donde impera el fundamentalismo protestante, los matrimonios se derrumban en cantidad alarmante. ¿Sorprendido? Usted no es el único; en realidad, está tan sorprendido como el gobernador del estado.

Mucho se especula por qué Oklahoma tiene una tasa de divorcios tan pavorosa. Pero el gobernador Frank Keating no espera con pasividad a que los científicos sociales le den una explicación. Él y la primera dama hicieron algo radical. En un gesto supremo, y sin precedentes, los Keating emprendieron la primera iniciativa de alcance estatal para matrimonios: disminuir en un tercio la tasa de divorcios en Oklahoma, en un plazo de diez años.

Como si esto fuera poco, el gobernador asignó diez millones de dólares al programa. Ningún gobernador en la historia de los Estados Unidos había concentrado en el matrimonio tantos esfuerzos y dinero.

Por tanto, cuando recibimos la llamada para invitarnos a participar en tal empresa sin precedentes para forjar matrimonios mejores en todo el estado, no tuvimos que pensarlo dos veces. Como «embajadores matrimoniales» del gobernador para el año siguiente, nuestra tarea es que el público tome conciencia del matrimonio, y también equipar a tantas parejas como sea posible para un amor de por vida. Este trabajo, sin duda, no está exento de desafíos. En el poco tiempo que llevamos aquí hemos descubierto muchas parejas sinceras, sin más preparación que su buena voluntad. De verdad. Nos encontramos con muchas parejas que dependen casi exclusivamente de Dios para mantener la felicidad en el matrimonio. «Dios nos unió, y él nos mantendrá unidos», nos dijo ayer con alegría una recién casada.

> **Las dificultades de la vida son pasajeras, pero el amor de Dios es permanente. Él siempre está allí para ayudarnos a superar los trances, sacarnos de la depresión, y ponernos nuevamente en vereda.**
>
> TERRY PENDLETON

En un estado donde hay un templo en casi cada esquina, las parejas se aferran a su fe como la roca firme de su relación. Sin embargo, con un fundamento religioso tan bueno, las relaciones se malogran, hasta el punto que en algunos distritos hay más divorcios que matrimonios.

La pregunta en toda mente consciente es *¿por qué?* ¿Por qué las parejas que confían en Dios, y que dependen de él para fortalecer su matrimonio, aparentemente no tienen ninguna ventaja sobre las que se unen sin ningún convencimiento cristiano?

Estamos convencidos de que la respuesta yace en la vida íntima de los matrimonios maltrechos. En el seno de nuestras vidas en común, debajo de las capas de cotidianidad, la tensión se acumula hasta en parejas muy comprometidas, cuyos espíritus inquietos no han sido alimentados *conjuntamente* por Dios. Para la mayoría se trata de una tensión difícil de describir, de crecimiento lento. Esto genera una inquietud que solo sirve para exacerbar la desazón que sentimos en nuestro matrimonio. Pero está allí, en el anhelo doloroso de caminar con Dios, y en la confesión de que nunca nos hemos sentimos tan lejos de nuestro Creador; esto permite que empiece la recuperación. En otras palabras, lograremos apaciguar el dolor de nuestro matrimonio con la unión entrañable de nuestros espíritus al relacionarnos con Dios.

UNA CORTA HISTORIA DE DOS MATRIMONIOS

Un buen matrimonio no puede sobrevivir solo de amor, como ya señalamos en capítulos anteriores. A riesgo de decir casi una herejía, creer en Dios no es suficiente para estar felizmente casados. Consideremos dos matrimonios similares pero distintos: uno es el de dos creyentes sinceros, pero que en cuestiones de fe personal nunca tuvieron ideas o sentimientos comunes. No escarbaron debajo de la superficie de los rituales requeridos por la religión y, por lo tanto, el vínculo espiritual entre ambos se limita a la fachada de una relación que gime por más. Si bien, cada uno por su lado cree en Dios, como pareja nunca se relacionaron con Él; al menos no de una manera significativa. Por eso se sienten más compañeros de habitación que compañeros del alma.

El otro matrimonio consta de dos personas con fe viva. Quizás luchen con dudas y episodios de sequía espiritual, pero como un todo transitan por una senda espiritual positiva. Como individuos, procuran conocer a Dios y seguir a Jesús. Pero, a diferencia de muchas parejas que asisten a la iglesia, en medio de sus vidas agitadas han encontrado maneras de interactuar entre sí en el plano espiritual. Su espiritualidad individual se inspira en momentos sagrados, aunque sean fugaces, que comparten como pareja. Su religiosidad no se limita a rituales u obligaciones; son actividades significativas que los llevan bajo la superficie de la rutina diaria, y que les permiten elevarse con las alas de la experiencia espiritual común.

Puesto que ustedes aún están leyendo este capítulo, creemos que tienen en común el anhelo de muchas parejas de encontrar la serenidad para su alma, y el gozo para su espíritu, que disfruta esta última clase de matrimonio.

Dedicamos este capítulo a las parejas que aspiran a tener un vínculo más estrecho. Es para quienes no se conforman con tener en común solo una fe superficial. Este capítulo es para todos los que se animan a compartir el sentido primordial de la vida con su alma gemela, y descubrir la unidad que solo puede lograrse cuando se comprometen juntos a descubrir la espiritualidad.

¿QUIÉN ESTÁ MÁS INTERESADO?

Las parejas pierden la sincronización espiritual fundamentalmente por la disparidad de interés en la espiritualidad. Seamos francos. Como pareja somos dos seres humanos distintos, con diferentes necesidades, provenientes de hogares diferentes, con disposiciones distintas e intereses variados. Lo más natural es que tengamos deseos diferentes de discutir los asuntos espirituales. En casi todo matrimonio, uno tendrá más tendencia que el otro a las conversaciones espirituales. Incluso en parejas compuestas por dos personas sinceras, que asisten regularmente a la iglesia, una querrá conversar a sus anchas sobre Dios, mientras la otra se contentará con realizar conjuntamente algunas actividades como ir a la iglesia. Una querrá orar larga e íntimamente con su cónyuge, mientras que la otra se conforma con dar gracias por los alimentos antes de cada comida.

> La historia de un amor no es importante. Lo que importa es que seamos capaces de amar. Quizás esta sea la única manera de vislumbrar la eternidad.
>
> HELEN HAYES

¿A qué obedece esta diferencia? Hay varias razones. Posiblemente el cónyuge más interesado pasa por un «empuje espiritual de crecimiento», mientras que el menos interesado está en una meseta. Quizás el cónyuge más interesado se crió en un hogar en

el que los asuntos espirituales se discutían más a menudo. O tal
vez el menos interesado es en general más introvertido que su
cónyuge, quien es más expresivo o vulnerable en casi *todos* los
ámbitos de su vida. También es posible que el menos interesado
se sienta manipulado a adoptar un papel espiritual que no le resulta natural o auténtico. Hay muchas razones para explicar los
intereses espirituales desiguales en una pareja. Sea cual fuere la
razón, con el tiempo, esta dicotomía producida por las diferencias parece profundizarse en algunos casos, lo cual es una poción
fatal de dos ingredientes en plena ebullición. La desilusión de un
lado se conjuga con la culpabilidad del otro, para envenenar la
intimidad espiritual. Es un trago amargo que demasiadas parejas
beben cuando sus espíritus se enfrentan. A la larga dejan de pe-
lear por su intimidad espiritual, y se resignan al dolor crónico en
el seno marital.

Si ustedes se identifican con este coeficiente de intereses dis-
pares, permítanos dirigirnos a ustedes como individuos.

En primer lugar, al cónyuge más interesado: afloje un poco.
Con o sin intención, su pareja probablemente se siente juzgada
por sus ganas de tener un vínculo espiritual profundo. Cuanto
más culpable se sienta, más difícil será que se produzca un cambio. En vez de centrarse en cómo pueden tener ustedes una conversación espiritual o un momento juntos de oración, pruebe
otra cosa. Ponga fin a las conversaciones sobre asuntos espirituales cuando se dé cuenta de que su cónyuge se retrae o se siente in-
cómodo. Es mejor intentarlo más tarde que provocar frustraciones al tratar de mantener viva una conversación que no va a
ninguna parte. Además, exprese su aprecio cuando su cónyuge
haga un aporte espiritual al matrimonio. Que sepa lo que eso significa para usted. Esta afirmación servirá mucho para tranquili-
zar a su compañero o compañera, y para aumentar su expresivi-
dad espiritual.

En segundo lugar, al cónyuge menos interesado: sea auténtico. Analice lo que le dicta su corazón. Si se siente presionado,
culpable o enojado, dígalo. Si intenta ocultar esas emociones
negativas, saldrán a la superficie más tarde cuando se limite a
cumplir con los rituales. Esto no significa, de ningún modo,
que descargue en su cónyuge todos sus sentimientos negativos

al respecto, sino que los confiese a Dios, en privado. Una vez que haya purificado su corazón, y que haya quitado esas toxinas espirituales, haga lo mejor que pueda por expresar a su pareja sus temores e incomodidad. Es más fácil de lo que usted cree. Escríbale una carta si quiere. Explique por qué le resulta difícil discutir su vida espiritual (quizás fue la manera como usted se crió, por ejemplo). No suponga que su cónyuge sabe estas cosas. Y, por último, reconozca su protagonismo. Con respecto a la intimidad espiritual, hay algo que su pareja aprecia profundamente, y que solo usted puede brindarle. Aunque no le resulte fácil hablar de temas espirituales, es un regalo que usted puede darle cuando esté listo.

El primer paso para comenzar la mejoría consiste en admitir, como pareja, la disparidad de intereses espirituales. El siguiente paso se da al aprender un nuevo lenguaje espiritual: el de su cónyuge.

EL LENGUAJE ESPIRITUAL DEL CÓNYUGE

Uno de los mayores obstáculos para la intimidad espiritual en el matrimonio es la imposibilidad de comprender y apreciar el lenguaje espiritual de nuestro cónyuge. En otras palabras, si no reconocemos la validez de la comunión que nuestra pareja tiene con Dios, la descalificamos. Con o sin intención, le enviamos un mensaje que dice: *No conoces a Dios como yo.*

Una maestra de jardín de infantes observaba a sus alumnos mientras dibujaban. De vez en cuando recorría la clase para ver los dibujos que estaban haciendo. Se acercó a una niña que trabajaba diligentemente.

—¿Qué dibujas? —le preguntó.

—Estoy dibujando a Dios —contestó la niña.

—Pero nadie sabe cómo es Dios físicamente —replicó la maestra después de un breve silencio.

—Ya lo sabrán en un minuto —contestó la niña sin detenerse ni levantar la mirada de su dibujo.

A veces tenemos la misma actitud con respecto a nuestra percepción de Dios y de cómo relacionarnos con él. Nos centramos tanto en *nuestra* percepción que esperamos que todos los demás, especialmente nuestro cónyuge, lo perciban del mismo modo. Este es un error terrible para la mayoría de matrimonios. ¿Por qué? Porque hay varias maneras igualmente válidas de expresar nuestro amor a Dios.

Hace algún tiempo, tuvimos que hablar en la iglesia comunitaria de Willow Creek, en Barrington, Illinois. Bill Hybels, el pastor de esta gran iglesia, nos mencionó un libro que desde entonces nos ha ayudado mucho para intensificar nuestro propio grado de intimidad espiritual como pareja. De tal modo que nos sentimos obligados a participarles a ustedes el mensaje principal del libro, cuyo título es *Sacred Pathways* [Sendas sagradas], y el autor es Gary Thomas. Aunque la obra no está dirigida a parejas, inmediatamente vimos cómo el mensaje de Gary podía servir para aplacar el dolor espiritual experimentado en el seno de muchos matrimonios. Es más, hace poco hablamos con Gary al respecto y nos confesó sin titubear que su propio matrimonio había sido el catalizador de sus ideas. Dijo: «Yo sabía que mi esposa amaba a Dios, pero no podía comprender por qué no se relacionaba con él de la misma manera que yo lo hacía».

El mensaje del libro de Gary es bien sencillo: la espiritualidad no viene en «una sola talla». Hay una maravillosa variedad de maneras de relacionarse con Dios, todas igualmente válidas. Gary desarrolla distintos temperamentos espirituales que hemos adaptado y ajustado para que sean especialmente relevantes a las parejas. A medida que usted lee cada uno de ellos, considere cómo se percibe personalmente, y de qué maneras más naturales se acerca a Dios. Luego piense cómo su cónyuge usaría una o más de estas maneras con más naturalidad que usted.

La senda de la tradición: Estas personas aman a Dios mediante rituales, sacramentos y símbolos. Su vida de fe está marcada por la disciplina y la estructura. Pueden leer diariamente un texto devocional, o tener una hora fija para arrodillarse en oración. Algunas pueden considerar esta senda hacia Dios como legalista, pero los tradicionalistas definen fundamentalmente su fe por su conducta. Disfrutan la asistencia regular a la iglesia, guardan el día de reposo y cumplen con rituales transmitidos de generación en generación. Ahondan su entendimiento y compromiso con Dios experimentando el mismo ritual todas las semanas.

La senda de la visión: Estas personas aman a Dios concibiendo un gran sueño. Su mente está en el futuro, y se centran en cómo será este. Toman la energía de una misión que les permite ser parte de algo grande, algo que conducirá a otros a tener una relación más estrecha con Dios. Los visionarios no pueden quedarse sentados y quietos mientras podrían estar reclutando tropas y señalándoles una mejor dirección. Se sienten más cerca de Dios cuando participan de algo grande en nombre del Señor.

La senda de las relaciones: Estas personas aman más a Dios cuando tienen a otras a su alrededor. Orar a solas les puede resultar muy difícil, pero cuando están en un grupo de oración, no hay quien pueda detenerlas. Toman su energía de la sociabilidad que se da en el vestíbulo del templo, y suelen ser las últimas en irse después de un culto. Invitan a los demás, y planifican reuniones que incluyen a todos. Se sienten más cerca de Dios cuando están con otros que también aman a Dios.

La senda del pensamiento intelectual: Estas personas buscan a Dios con su mente. Estudian para conocerlo más, y para entender las ideas y modelos que las acercan a Dios (y quizás también acerquen a quienes enseñan). Aman el mundo de ideas y conceptos. Para estas personas, la fe consiste tanto en analizarla y entenderla como en experimentarla. Están más cerca de Dios cuando leen un libro que estimule el intelecto, que les proporcione un nuevo entendimiento de algo relacionado con Dios o con su vida espiritual.

La senda del servicio: Estas personas aman a Dios amando a otros. Se sienten motivadas por las personas necesitadas; cuanto más necesidades puedan satisfacer, más energía recibirán. La contemplación apacible y las causas energéticas no satisfacen su espíritu generoso. Están demasiado ocupadas interactuando con los hambrientos, los enfermos y los marginados, como para dedicar mucho tiempo a tradiciones religiosas y experiencias litúrgicas. Estas personas asistenciales se sienten más cerca de Dios cuando apoyan a quienes desesperadamente necesitan ayuda, ya sea que vivan en la casa de al lado o en la otra punta del mundo.

La senda de la contemplación: Estas personas aman a Dios en las ocupaciones tranquilas. No pretenden explicar a Dios con conceptos intelectuales, sino buscando simplemente su compañía. Escuchan a Dios en la intimidad de sus momentos de meditación y oración. La persona contemplativa se entrega a la presencia de Dios. Como dice Gary Thomas: «El tiempo es uno de los mejores regalos que le podemos hacer a Dios, y las personas contemplativas quieren darle mucho de su tiempo a él».

> **Ojalá los dos vivamos nuestra vida juntos tan felices, que Dios pueda disfrutar nuestra unión de corazón y espíritu.**
>
> ANTIGUA ORACIÓN MATRIMONIAL

La senda del activismo: Estas personas luchan contra la injusticia. Es típico que se involucren con causas sociales o evangelísticas, y se sientan a gusto en medio de la confrontación. Toman su energía de las situaciones difíciles, cuando se plantan firmes contra la maldad de este mundo. Es como si hicieran eco con el Jesús que purificó el templo; aspiran a cambiar el mundo con sus sinceras convicciones. Los activistas se sienten cerca de Dios al luchar por una causa.

La senda de la naturaleza: Estas personas se sienten cerca de Dios al aire libre. Ya sea caminando por un bosque, disfrutando la expansión de una pradera o trepando una montaña; se sienten conmovidos por la creación. «Aprenden más contemplando un lago sereno que leyendo un libro o escuchando un sermón», dice Thomas. Los naturalistas ven mejor a Dios en medio de su hermosa creación.

La senda de la adoración: A estas personas les inspira la celebración gozosa. Thomas las llama «los hinchas de Dios». Adoran aplaudiendo, gritando «¡amén!» y danzando con entusiasmo. No necesitan los rituales de los tradicionalistas ni la soledad de los contemplativos cuado necesitan celebrar la gloria de Dios. Sacan a relucir su espíritu travieso, propio de un niño, mientras disfrutan las canciones alegres de la adoración entusiasta.

Solución a problemas de la vida real

CÓMO APRENDIMOS A HABLAR EL MISMO LENGUAJE ESPIRITUAL

Chuck y Barb Snyder
Casados en 1955

Barb y yo somos «la pareja más opuesta del mundo». Como solemos decir, solo tenemos dos cosas en común: nos casamos el mismo día y tenemos los mismos hijos. Somos diametralmente opuestos en cuestiones espirituales. Cuando recién nos casamos, siempre sentí que Barb era más «espiritual» que yo. Ella disfrutaba leyendo la Biblia, mientras que yo no entendía cuánta relevancia la Biblia podía tener en mi vida. Yo prefería remangarme y poner la Biblia en práctica. Me sentía más cerca de Dios, de hecho, cuando ayudaba a los demás.

Es cierto, yo (Barb) tenía un ferviente deseo por aprender lo que la Biblia decía. Acostaba temprano a los niños y meditaba en las Escrituras hasta que fuera hora de acostarnos. Chuck trabajaba en un canal de televisión en el turno vespertino. Por lo tanto, no estaba de noche en casa y no sabía lo que yo hacía. Cuando le contaba algo que había aprendido, Chuck casi siempre me lo rebatía. Ustedes tendrían que conocer a Chuck para darse cuenta de que, de todos modos, él siempre tiene una opinión distinta. Yo soñaba con tener una discusión agradable y significativa con él acerca de Dios. Pero él parecía eludirme.

La experiencia de Chuck

Poco tiempo después de casarnos pensé que yo era un inadaptado espiritual. Me sentía culpable. Al mirar el pasado, me doy cuenta que me habían enseñado mal lo que significaba ser «jefe espiritual» de un hogar. Yo creía que debía encargarme de todos los «asuntos espirituales» de la familia. Entonces, alguien me mostró el capítulo 20 de Mateo, donde Jesús señala que ser el jefe de una familia, de un negocio, o de un ministerio, es ser un siervo. Dios usó a su Hijo como el ejemplo supremo. Él vino a la tierra y lavó los pies de la gente. Yo nunca había imaginado un jefe haciendo algo así. Luego viene Efesios 5 y dice: «Esposos, amen a sus esposas, así como Cristo amó a la iglesia y se entregó por ella». Entonces me percaté de que algo espiritual en nuestro matrimonio estaba fuera de sitio.

La experiencia de Barb

A principios de la década de los setenta, Kay Arthur me enseñó a estudiar por inducción, leyendo primero la Biblia y luego los comentarios u otras fuentes. Un día tenía mi ayuda de estudios de griego y un libro de ejercicios abiertos en la mesa de la cocina, cuando Chuck entró. Golpeteó los libros y dijo: «Esto sí que me intimida». *Bárbaro*, pensé sin decirlo en voz alta, *no solo que no valora cuando le hablo de las Escrituras, sino que ahora ni siquiera quiere verme estudiándola*. Sabía que Chuck intentaba ser el jefe espiritual en nuestro hogar, pero él no estaba conduciéndonos en la dirección que yo quería. Todo lo que yo pretendía era que estudiáramos la Palabra de Dios juntos. Él no pensaba de la misma manera.

Cómo solucionamos el problema

Comenzamos a dar los primeros pasos hacia la solución de nuestra disyuntiva espiritual cuando de alguna manera, en algún momento, nos dimos cuenta de que teníamos dones espirituales distintos. El de Chuck es la exhortación. Le encanta acercarse a las personas y darles ánimo y consejo. Mi don espiritual es la enseñanza. Me encanta descubrir nuevas verdades y ayudar a los demás a ganar nuevas apreciaciones. Esta sencilla revelación en nuestro matrimonio inició una revolución en nuestro corazón. Por primera vez, entendí que Chuck no tenía que estudiar como *yo* lo hacía. Y él comprendió que yo no tenía que disfrutar aconsejando a los demás como *él* lo hacía. Chuck podía ser quien era, y yo podía ser quien era. Saber esto puso punto final a nuestras discusiones sobre asuntos espirituales. Comenzamos a valorar los dones y a hablar el lenguaje del otro. Esto fue reparador para ambos. Chuck ahora puede sentirse relajado en nuestra relación, y no intimidado cuando le enseño. Hasta el día de hoy dice que yo le proporciono el fundamento bíblico sobre el que basa su ayuda a las personas que sufren.

Mensaje para otras parejas

Permitan que su cónyuge sea quien debe ser según el designio de Dios, y luego aprendan el uno del otro.

LA CONSTRUCCIÓN DE LA CASA ESPIRITUAL

He aquí las nueve sendas espirituales que nos conducen a Dios. Si ustedes se han tomado el tiempo para realizar una evaluación personal, ya habrán identificado los estilos particulares de cada uno. ¿Y ahora qué? Ahora viene el desafío. Ahora es cuando ambos exploran y llegan a comprender las distintas sendas de cada uno. Ahora es cuando ambos comienzan a trabajar juntos para valorar el lenguaje espiritual del otro. En la medida que lo hagan estarán construyendo una nueva «casa espiritual»: donde su matrimonio deje de dolerles en el alma.

Una palabra de advertencia, sin embargo: la casa que construyan quizá no sea la que habían imaginado. Al explorar y analizar el lenguaje espiritual del otro, al valorar la senda de su pareja e integrarla a la suya propia, construirán una casa espiritual que combina, a veces de manera extraña, estilos potencialmente divergentes.

A unas treinta millas de Belfast, en Irlanda del Norte, cerca de la costa de Strangford, Lough, existe una mansión llamada Castleward, muy visitada por turistas. Esta es una buena representación física de lo que queremos decir. La casa se construyó alrededor de 1760. Sus propietarios originales fueron Bernard Ward, el primer vizconde de Bangor y su mujer, Lady Anne.

Lo más llamativo de la casa son sus dos estilos arquitectónicos diferentes. La fachada de la casa es neoclásica,

> A veces, igual que cuando pelamos cebolla, lloramos tanto que no podemos ver lo que estamos haciendo. Pero no dejo de comer cebollas por eso. Tampoco te dejaré a ti.
>
> JANA CARMAN

mientras que la parte de atrás es gótica. ¿A qué se deben estos dos estilos distintos? Resulta que a Bernard le gustaba uno, mientras que a Lady Anne le gustaba el otro. La casa todavía está en pie en la actualidad: un monumento a la testarudez, dirán algunos, pero otros verán en el edificio una celebración de la diversidad.

Como hemos dicho, la combinación de sus estilos espirituales puede producir un diseño interesante. Ese ha sido nuestro caso.

UNA OBRA EN PROCESO

Durante casi todo nuestro matrimonio, no hemos podido sincronizar la manera de relacionarnos con Dios. Teníamos buenas intenciones de crear un vínculo espiritual significativo entre nosotros, pero en algún momento durante nuestro primer año de casados acabamos en direcciones relativamente divergentes. No se trataba de que no tuviéramos los mismos valores; cada uno caminaba individualmente con Dios, y ambos queríamos tener un vínculo espiritual estrecho. Lo que no podíamos entender era la manera propia de cada uno de relacionarse con Dios, y eso hacía aparentemente imposible relacionarnos con Dios juntos como pareja. Pero como estamos aprendiendo, todo se reduce a conocer y a luego fortalecer el estilo espiritual del otro.

El estilo espiritual de Leslie: Soy una persona contemplativa de cabo a rabo. No hay nada que me guste más que pasar un par de horas todos los días a solas con Dios. Tener un niño rondando entre las piernas distorsiona un poco mi estilo, sin embargo la contemplativa es la manera principal que me conduce a Dios. He tenido por años el mismo devocionario, así como la misma Biblia gastada. Ambos me acompañan en mi esfuerzo por amar a Dios con el más puro y profundo amor. Vengo haciendo esto desde mis años en la universidad. Ya en los primeros años me levantaba temprano, antes que mi acompañante de habitación, para disfrutar las horas tranquilas de la mañana a solas con Dios. No lo hacía por obligación ni por una disciplina que yo me hubiera impuesto. Me resultaba natural.

Nada de este estilo le resulta natural a Les, sin embargo. A él le resulta improductivo, y lo considera una pérdida de tiempo.

El estilo espiritual de Les: Soy un intelectual. No sé si lo llevo en la sangre —muchos en mi familia nos parecemos en este sentido—, o si mis años de entrenamiento académico (incluyendo el seminario) me inculcaron este modo. Sea cual fuere la razón, me siento más cerca de Dios mientras aprendo una nueva verdad. Mi relación con Dios se renueva si puedo conceptualizar algún aspecto de la vida cristiana de una manera novedosa o ingeniosa, si puedo captar una verdad con mi mente. Mi tiempo con Dios lo paso fundamentalmente mientras leo un libro nuevo o trabajo en mi estudio, rodeado de referencias para ayudarme en la búsqueda espiritual. No es el caso de Leslie. Ella consideraba que mi estilo era demasiado académico y emocionalmente distante.

¿Dónde nos encontramos ahora? Ambos transitamos los senderos que, como individuos, nos acercan más a Dios. Pero ambos también estamos reconociendo el mérito del estilo del otro. Esto es algo nuevo. Antes queríamos que nuestro cónyuge se adaptara a la inclinación propia de cada uno. Después de todo, sentíamos que era la mejor manera de relacionarse con Dios. Y así es, para cada uno como individuo, pero no como pareja. Esta sencilla verdad ha sido una revelación en nuestro matrimonio. Nos permite integrar nuestros métodos y probar nuevos estilos por los que ninguno de los dos siente una inclinación natural. En los últimos tiempos, por ejemplo, hemos estado aprendiendo de algunos compañeros adoradores. Nos unimos con ellos en adoración con música de alabanza, como nunca antes lo habíamos hecho. Esto ha resultado ser un vínculo maravilloso para ambos, que nos permite relacionarnos con Dios conjuntamente.

Yo (Leslie) no espero que Les se levante temprano para disfrutar un tiempo devocional conmigo; en realidad, estoy aprendiendo lo tonificante que puede ser estudiar un tema con Les en uno de sus comentarios. Y yo (Les) estoy experimentando lo profundamente conmovedor que es pasar un momento de contemplación, sin hacer otra cosa que estar un tiempo con Dios. No pretendemos transformar al otro para que se amolde a un estilo que no le resulta natural, sino que alentamos el estilo devocional propio como nunca antes lo habíamos hecho.

No espere que su cónyuge se relacione con Dios según un estilo determinado, esto puede ser desastroso para el matrimonio.

Dios no quiere que seamos camaleones. Quiere que seamos auténticos. Quiere que nos acerquemos a Él de la manera que nos resulte natural. Por lo tanto, debemos apreciar y respaldar la manera como nuestro cónyuge se relaciona con Dios, ya sea un estilo naturalista, tradicionalista, activista o cualquier otro.

Las personas experimentan a Dios recorriendo los bosques, cantando cánticos de alabanza, silenciando el ruido del mundo, o estudiando teología. Cada práctica en particular nos devela un nuevo sentido de vitalidad espiritual. Al acompañar a su cónyuge en su sendero respectivo, descubrirá una parte de su espíritu que nunca antes había sido tocada. Descubrirá algo dentro de usted que lo acerca a su cónyuge, y a Dios, más estrechamente que nunca. Ese será el punto culminante. Entonces el dolor en el seno de su matrimonio comenzará a aliviarse.

MÁS PROFUNDAMENTE: MATRIMONIO CENTRADO EN DIOS

Conocemos una pareja que celebró su primer aniversario de casados con una velada romántica en su casa. Después del plato principal, la esposa se escapó a la cocina para salir con el postre perfecto como toque final: el último piso de su pastel de bodas. Al partir el postre, sin embargo, ambos se dieron cuenta que algo estaba mal. El pastel hizo un ruido extraño. Al cortar un poco más, descubrieron el problema. Por un año entero habían guardado congelado un pedazo redondo de plástico, cubierto con el baño del pastel.

Las apariencias engañan. Como bien lo ilustra esta tonta pero verdadera historia, podemos concentrarnos tanto en las exteriorizaciones de nuestra relación, que pasamos por alto lo que realmente mantiene unido nuestro matrimonio. Lo que nos trae a un asunto crucial: En el fondo ¿cuál creen que es el propósito fundamental de su matrimonio? ¿Ser felices? A estas alturas creemos que ustedes ya deben saber que el matrimonio no es ninguna garantía contra la tristeza. Como lo indica el título de este libro, los buenos matrimonios —incluso los grandiosos— de ninguna manera son inmunes a los tiempos difíciles. Entonces, preguntamos nuevamente: ¿Cuál es el propósito principal de su matrimonio?

Hemos pensado largo y tendido acerca de esta pregunta y he aquí nuestra respuesta. El propósito de nuestro matrimonio es acercarnos a Dios. Creíamos que Dios nos ayudaría a ser más unidos, que nos ayudaría a construir un mejor matrimonio. Y es cierto. Pero en los últimos años hemos circunscrito nuestro enfoque a entender cómo nuestro matrimonio nos ayuda a mejorar la relación con Dios. Esta perspectiva radicalmente nueva ha revolucionado nuestra relación. En vez de pedirle a Dios que colabore en nuestro matrimonio, ahora nos ayudamos mutuamente a caminar más cerca de Dios. El matrimonio, en otras palabras, se está convirtiendo en un medio importante para relacionarnos con nuestro Creador. Los desafíos que tenemos, las alegrías que celebramos —más que ninguna otra cosa— nos permiten tener una íntima relación con Dios.

> **En el matrimonio, la paciencia opera de manera similar a la fe. Nos brinda la certeza de que lo que esperamos —unión física, emocional y espiritual— nos aguarda, aunque aún no podamos ver aquello aquí y ahora.**
>
> HAROLD B. SMITH

Solución a problemas de la vida real

CÓMO ENCONTRAMOS JUNTOS LA VOLUNTAD DE DIOS

Norm y Bobbe Evans
Casados en 1961

El marido marca el paso, y la mujer sigue órdenes. Estas ideas hoy parecen increíblemente pasadas de moda y políticamente incorrectas, pero era lo que creíamos cuando nos casamos. Ambos nos criamos en hogares donde la decisión de nuestros respectivos padres era definitiva. Su palabra era ley, y nunca vimos que nuestras madres la pusieran en tela de juicio. Por tanto, como novia y novio con solo diecisiete y dieciocho años de edad, desempeñamos esos papeles definidos sin pensarlo mucho. Norm era el jefe, y yo (Bobbe), cumplía los planes de Norm. Además, él me decía que quería hacerme feliz, y pensé que eso significaba que siempre arreglaríamos las situaciones equitativamente.

La luna de miel duró casi todo el tiempo que estuvimos en la universidad. Cuando yo (Norm) comencé a jugar profesionalmente, nuestras funciones estaban bien definidas. Yo jugaba fútbol americano y Bobbe administraba casi todo en casa. No recuerdo que Bobbe alguna vez hubiera cuestionado mis razones o decisiones; nunca lo hizo hasta estar casados por casi veinte años. Decidí comenzar mi propia empresa y editar literatura deportiva. Al poco tiempo la empresa quebró y todos nuestros ahorros se esfumaron, después de catorce años como jugador profesional de fútbol. Ese momento terrible marcó un punto culminante en nuestro estilo de tomar decisiones.

La experiencia de Norm

Decir que, cuando nos casamos, el fútbol americano era mi vida es decir poco. Durante seis meses al año todo lo que yo hacía tenía que ver con los partidos. Desde las comidas hasta el sueño, todo giraba en torno al juego. Literalmente tenía que obligarme a prestar atención a Bobbe y nuestros hijos. La imagen machista era un requisito para mi trabajo; no demostraba temor; tomaba decisiones. Para ganar los partidos, así tenía que ser. Por lo tanto, llevé al matrimonio el mismo estilo de liderazgo de punta. Por un tiempo esto resultó. Pero cuando nuestra seguridad financiera se derrumbó, no tenía nadie a quién culpar salvo a mí mismo. Nunca le había pedido consejo a Bobbe. No me parecía que yo lo necesitara. Pero a medida que mis decisiones independientes nos sumían en más y más dificultades, me di cuenta de que debía haber una manera mejor de hacer las cosas.

La experiencia de Bobbe

Tenía una imagen de cómo debía ser una buena esposa cristiana, y eso no incluía cuestionar a mi marido. Yo creía que mi papel consistía en someterme a su liderazgo... a la «cadena de mando». Norm y yo nos convertimos en cristianos ya de adultos. Me enseñaron que el marido era la cabeza del hogar, y que la mujer era su ayuda idónea. La decisión final correspondía a mi marido. Pensaba que continuar sin estar de acuerdo con Norm no era el lugar que me correspondía. Aquello era una falta de devoción y menoscaba el liderazgo de mi esposo. De todos modos, cuando le expresaba mis dudas o reservas con respecto a un asunto, y él de todos modos seguía adelante, me hubiera gustado decirle: «Te lo dije», pero yo callaba. Me mordía la lengua cuando podría haberle recordado mi advertencia, y me tragaba la rabia y el resentimiento. Con el paso de los años, me di cuenta de que esta manera de reprimirme no era la intención de Dios ni para mi espíritu ni para mi matrimonio. Él me había creado con una mente, una voz y un conjunto de emociones; por lo tanto, su intención era que yo las usara.

Cómo solucionamos el problema

Cuando nos dimos cuenta de que nuestro estilo de tomar decisiones debía cambiar, comenzamos un proceso que nos hizo dar un giro de 180 grados; un proceso que nos ha unido a ambos, y que nos ha acercado a Dios. Reconocimos que algunas de las cosas que nos habían enseñado no eran correctas. De escritores y conferencistas aprendimos un nuevo mensaje acerca de la búsqueda de la voluntad de Dios juntos (Efesios 5:21). A partir de eso comprendimos algo que guía nuestras decisiones hasta hoy: Dios no nos permitiría estar en desacuerdo sobre ninguna decisión importante. En otras palabras, Dios no alentaría a Norm a hacer algo que afectara nuestro matrimonio, sin tocar mi corazón de manera similar.

Además, yo (Norm) comencé a pedirle a Bobbe su opinión cuando tenía que tomar una decisión. Consideré algunos de mis errores, y recordé que yo había hecho caso omiso de sus buenos consejos. Y yo (Bobbe) tuve que aprender un nuevo estilo para dar mi opinión. Nuestros padres nunca nos habían criado para esto, por lo que decidimos que ambos nos beneficiaríamos con orientación. Esto constituyó un gran paso, especialmente para un jugador machista de fútbol americano profesional. En las sesiones de terapia aprendimos nuevas maneras de comunicación. Nuestro terapeuta nos proporcionó ejercicios prácticos para desarrollar técnicas de escuchar al otro. Nos enseñó a transmitir mensajes en primera persona, diciendo «Yo». Aprendimos a pedirle al otro que nos aclarara sus intenciones. Fue un trabajo difícil para ambos, y tuvimos que practicar, practicar y practicar. (¡Un ex jugador de fútbol sabe de prácticas!)

Por último, comenzamos a encarar decisiones importantes de otra manera. Reconocimos y valoramos lo diferentes que somos. Dios nos ha creado a cada uno de manera única y singular. No tenemos que ser exactamente iguales. De hecho, si no estamos de acuerdo sobre algo, por ejemplo una decisión laboral importante, no seguimos adelante hasta ponernos de acuerdo. Esto ha estimulado tremendamente el respeto que tenemos el uno por el otro. Para tomar decisiones importantes, ahora también pedimos la opinión de otros expertos. Dios tiene una manera especial de hablar a través de otras personas, y prestamos mucha atención. Más que nada, buscamos conocer cuál es la voluntad de Dios no solo para la pareja sino para cada uno de nosotros. Confiamos en que Dios encaminará nuestros pasos conjuntamente.

Mensaje para otras parejas

Aprender a tomar decisiones juntos como pareja requiere tiempo y práctica. No se den por vencidos. Dios les revelará lo que quiere para ambos, mientras aprenden a caminar junto a él.

Puede parecer extraño pero nos parece que hemos agregado una disciplina espiritual más a las tradicionales, tales como la oración, la meditación, el estudio de las Escrituras, el ayuno y otras: el matrimonio. Sí, el matrimonio. Una vez que reconocemos que el propósito principal del matrimonio es acercarnos a Dios, comenzamos a concebir nuestra relación como un medio y no como un fin en sí misma. Comenzamos a percibir, si prestamos atención, que todo lo que tiene que ver con nuestro matrimonio constituye el potencial para descubrir y revelarnos más a Dios. Los momentos de perdonarse y de buscar gracia mutua, el éxtasis de las relaciones sexuales, la risa y la diversión que experimentamos, nuestro compromiso y la historia en común que creamos juntos; estas y otras facetas del matrimonio liberan la naturaleza de Dios encerrada en nuestra vidas. Así la vida conyugal nunca será más placentera. Un matrimonio fortalecido es un efecto secundario de aprender juntos a amar a Dios.

Por supuesto, no somos los primeros en descubrir esta «nueva» concepción del matrimonio. En realidad, la idea es tan antigua como las Escrituras. Según recordarán, la Biblia está llena de imágenes del novio y la novia, del esposo y la esposa. Pero por alguna razón, nos ha llevado años aplicar esto en nuestra propia relación. Quizá también sea «una novedad» para ustedes. De todas maneras, quisiéramos dedicar el resto del capítulo a algo especial que les ayudará a intensificar su vínculo con Dios y entre ustedes dos en el matrimonio. Esto no se trata tanto de un instrumento como de una experiencia que alimentará la vida de su matrimonio.

UNIDAD DE ESPÍRITU COMO NUNCA ANTES

—Ya puedo ver tu auto —dijo Les, quien estaba parado en la entrada del garaje mientras hablaba por su teléfono móvil—. Acabas de dar vuelta la esquina, y en cualquier momento estarás aquí.

Ambos comenzamos a agitar los brazos para que Neil y Marylyn pudieran ver dónde estábamos. John, nuestro bebé de dos años, comenzó a saltar de arriba a abajo emocionado junto a nosotros.

Neil y Marylyn Warren son dos de nuestros amigos favoritos. Hacía unos días que estaban en una caminata al aire libre, cuando decidieron pasar a visitarnos para comer con nosotros. Y no vinieron con las manos vacías.

—¡Hola! John —dijo Neil al bebé—. Tenemos algo para ti.

Neil sacó del asiento trasero del auto una caja enorme con un triciclo. John gritaba de alegría.

—Hermoso —fue la palabra que el niño de dos años seleccionó de su limitado vocabulario—. Hermoso.

Repitió la misma palabra por lo menos una docena de veces.

—Hermoso.

John se puso de cuclillas mientras observaba a Neil y Les, quienes con unas herramientas armaban su juguete en el piso de la sala. Cuando terminaron de armarlo, John se subió al triciclo.

—Hermoso.

Y claro que lo era. Tan hermoso era que queríamos alargar ese momento para siempre. Almorzamos juntos, sin prisa (mientras John dormía en mis brazos) en un restaurante italiano. La conversación, como siempre, era amena, significativa, extravagante, profunda, sensible y entusiasta, todo al mismo tiempo. Nos preguntaron acerca de nuestro futuro, y con la conversación nos ayudaron a dar forma a nuestra visión. Mientras les oíamos hablar de sus sueños, los nuestros se alimentaban. Nuestro matrimonio, en ese mismo lugar y momento, se tonificó con nueva energía. Debimos haber pasado una sobremesa de tres horas. Luego, sin mucho entusiasmo, Neil y Marylyn tuvieron que regresar a su ruta.

—Qué almuerzo sensacional —dijo Les mientras nos retirábamos del restaurante.

Todos estábamos de acuerdo, y cada uno sabía que no hablábamos de la comida. Incluso ahora no podemos explicarlo con exactitud; no podríamos decir exactamente qué fue. Pero siempre que estamos con ellos, un matrimonio de décadas a prueba del tiempo, nos sentimos mejor. Se nos aclara el panorama, nos sentimos más a tono el uno con el otro. Quizás es porque nos contagian su optimismo. Quizás es su lucidez intelectual. Quizás es su espíritu encendido. No estamos seguros. Todo lo que sabemos es que son una inspiración. Neil y Marylyn hacen algo por nosotros que muy pocos pueden hacer tan consecuentemente. Inspiran nuestro matrimonio. Sentimos que después de estar con ellos nuestro matrimonio despliega alas nuevas. Además, nos han enseñado una invalorable lección de intimidad espiritual: la inspiración es lo que une a dos almas que se vinculan, y que les permite elevarse a las alturas.[2]

Es tan poderoso el don de la inspiración en su matrimonio, que no cerraremos este capítulo sin mencionarlo. Cuando esposo y esposa tienen juntos una experiencia que los inspira a la vez, sus espíritus se unen de modo indescriptible. Se produce un vínculo intenso, inimaginable, en la existencia normal. La inspiración quita las capas triviales de nuestra vida y nos hace ver más allá de nuestras discusiones pueriles, deseos egoístas y comentarios despectivos. La inspiración nos permite apreciar lo que más importa.

EL VIGOR DE LA INSPIRACIÓN

Piensen en una película que los haya conmovido. ¿Estuvieron alguna vez sentados en una sala de cine, o vieron juntos un video que los hizo llorar? ¿Leyeron alguna vez una novela o una biografía que les hizo plantearse una reevaluación de sus vidas? Posiblemente hayan escuchado una canción interpretada con tanta exquisitez, dulzura o fuerza, que nunca la pudieron olvidar. Quizá escucharon un mensaje tan conmovedor que llegó a los corazones de ambos.

Uno de nuestros momentos más inspiradores sucedió cuando menos lo esperábamos. Estábamos conduciendo por la ruta Trans-Canadá, a través del Parque Nacional de Banff, en las montañas Rocosas, cuando pensamos que sería bueno pasar la noche en un hotel cerca del Lago Louise. Resulta que no fuimos los únicos con esa idea. A las diez de la noche, en la recepción del hermoso Chateau Lake Louise, el empleado del mostrador nos dijo que la gente acostumbraba reservar las estadías con un año de antelación. No había una sola habitación disponible en todo el pueblo, mucho menos en su prestigioso hotel.

—Supongo que tendremos que dormir en nuestro campero —dijo Les.

—No creo que sea una buena idea —replicó el conserje—. De noche hace mucho frío aquí arriba.

El recepcionista se disculpó, y nos sugirió que siguiéramos conduciendo hacia el este por la carretera. Estábamos dispuestos a seguir su consejo, cuando decidimos quedarnos a cenar en el comedor del hotel alpino. Después de la cena, Les decidió consultar con el recepcionista por última vez.

—No puedo creerlo —dijo el recepcionista—. Hay una habitación disponible. Ya es casi medianoche, y nuestros huéspedes no han ocupado la suite presidencial; se las puedo dejar al mismo precio que una habitación común.

Nos sentíamos mareados de entusiasmo mientras el conserje nos conducía a la amplia suite, con un gran balcón en los dos pisos superiores del hotel.

—Disfruten el espectáculo —dijo.

—¿Qué espectáculo? —pregunté.

—Miren por la ventana —contestó—. Es la noche de la nube de estrellas fugaces.

Tenía razón. No podíamos creer lo que estábamos viendo. El tiempo pareció detenerse mientras observábamos una estrella tras otra que cruzaba la oscuridad de la noche. No sabíamos que algo así existía, y mucho menos habíamos visto algo similar. Es imposible expresarlo con palabras. «¡Qué maravilla!», era todo lo que atinábamos a decir.

No recuerdo a qué hora nos dormimos esa noche, pero sí sé cuándo despertamos. A la mañana siguiente escuchamos el sonido de un cuerno suizo típico, que venía de la orilla del lago. Y la canción que resonaba en las paredes de hielo y roca del lago era «Maravillosa Gracia». Era demasiado hermoso como para ser cierto. Permanecimos en silencio en el balcón, contemplando la vista del lago de aguas transparentes, cuya existencia ignorábamos la noche anterior. Cuando la canción terminó, ambos teníamos lágrimas en los ojos. Ellas hablaban por sí solas. La inspiración de ese momento siempre nos acompañará, será un vínculo permanente entre nosotros.

La inspiración hace eso. Permítanos agregar que no es necesario estar rodeados de montañas idílicas para encontrarla. Hemos tenido momentos de inspiración juntos mirando las noticias por televisión. Nunca olvidaremos las escenas trágicas de los huérfanos maltratados de Rumania, y la historia de una pareja que procuraba rescatar y adoptar un pequeño niño con malformaciones.

Hemos tenido momentos comunes de inspiración durante la adoración. Nunca olvidaremos aquella vez en la iglesia mientras escuchábamos a Wayne Watson cantar *"For Such a Time as This"* [Para un momento como este].

> Siempre que la inspiración adorne su existencia como pareja, reconozcan que esta es una de las maneras poderosas que Dios usa para unirlos tan firmemente que sobrevivirán por el resto de sus vidas a los giros imprevistos del destino.
>
> NEIL CLARK WARREN

Nuestros corazones pocas veces han sentido tal plenitud. O la vez que escuchamos a Lloyd John Ogilvie, ahora capellán del senado de los Estados Unidos, predicar en la iglesia presbiteriana de Hollywood acerca de «Acabemos la carrera». Sentimos que nuestros espíritus se elevaban juntos.

También hemos tenido momentos comunes de inspiración leyendo un libro. No hace mucho leímos las memorias de Christopher Reeve, el protagonista de *Superman*, que se fracturó la columna dorsal y quedó paralizado de los hombros hacia abajo, después de sufrir un accidente al caerse de un caballo. En los días subsiguientes, él y su madre consideraron desconectar del sistema que lo mantenía con vida. Llegamos al punto en el libro, *Still Me* [Aún soy yo], en que murmuró sus primeras palabras a Dana, su esposa: «Quizá deberíamos dejar que me vaya». Con lloros su esposa lo persuadió para que siguiera luchando. Le dijo: «Quiero que sepas que estaré a tu lado durante este largo viaje, pase lo que pase. Tú aún eres tú, y te amo». Otra vez llegaba la inspiración a nuestro matrimonio.

¿Y ustedes? ¿Cuándo fue la última vez que tuvieron inspiración juntos? Por si no lo saben, hay un sinnúmero de momentos de inspiración a la espera de que las almas gemelas los descubran. Y cuando los descubrimos, nuestra vida se enriquece, nuestro vínculo se estrecha, y nuestros espíritus se aclaran.

La inspiración es el bálsamo para matrimonios que duelen en el alma.

PARA REFLEXIONAR

➤ Incluso para parejas incondicionales, a veces es muy difícil tener y mantener un vínculo espiritual genuino, donde esposo y esposa tengan facetas espirituales afines y recíprocas que les permitan disfrutar un sentido de unidad. En su opinión, ¿a qué se debe esto?

➤ Consideren las siguientes preguntas. En una escala de uno a diez ¿cómo evaluarían ustedes su deseo de conectarse espiritualmente uno con otro? En la misma escala, ¿cómo evaluarían el nivel actual de intimidad espiritual que tienen como pareja? ¿Qué pueden hacer para que esas cifras se acerquen más?

➤ Después de leer acerca de los distintos temperamentos o estilos espirituales presentados en este capítulo, ¿con cuál se identifican más ustedes? ¿Pensó alguna vez que este estilo era el mejor para su cónyuge porque le resultaba cómodo a usted? De ser así, ¿qué tipo de mensajes sutiles, o no tan sutiles, le han enviado a su cónyuge, y qué podrían ustedes hacer para reparar el daño potencial producido por este comportamiento?

➤ Exploren el tema de la inspiración. ¿Cuáles son algunos de los momentos de inspiración que han tenido juntos como pareja? ¿Son fáciles o difíciles de recordar? ¿Qué podrían manifestar ustedes respecto a la necesidad de inspiración? Más importante aún, ¿qué pueden hacer para tener más momentos de inspiración en su matrimonio?

CAPÍTULO NUEVE

LAS BONDADES DE UN BUEN MATRIMONIO

Un matrimonio hecho en el cielo es aquel donde hombre y mujer se enriquecen juntos en gran manera, más que si cada uno se las hubiera arreglado por su cuenta.

FREDERICK BUECHNER

¿Le interesaría comenzar hoy un programa que le garantizara una vida más larga y más saludable, con más alegría, sin desperdicio de tiempo, y que le permitiera ganar más dinero? Por supuesto ¿a quién no? Es una pregunta tonta, con la que Madison Avenue nos ha bombardeado por años. En realidad, comerciales de televisión, gurús de autoayuda, máquinas de ejercicio, electrodomésticos y otros artefactos promueven incontables promesas como estas. El público gasta millones de dólares al año en programas y sistemas que pueden hacer esas cosas. Pero a decir verdad, el camino verdadero para lograr todos esos beneficios no lo encontraremos en un programa o en un artefacto. Lo encontraremos en una relación llamada matrimonio.

Le pedimos paciencia si usted cree que estamos poniendo demasiado celo en esta afirmación, o si la considera demasiado ingenua. A lo largo de este libro hemos querido llegar a este último capítulo. ¿Por qué? Por las muchas bondades que las parejas como la suya tienen para dar, aquellas que no están dispuestas a dejar que las adversidades estropeen su matrimonio. ¿Cómo lo sabemos? Porque desde hace tiempo venimos investigando con el propósito de descubrir los beneficios del matrimonio. Y los hemos encontrado. No se trata de beneficios que imaginamos y escribimos. Son beneficios descubiertos científicamente.

Por tanto, ¿cuáles son las bondades de un buen matrimonio? La respuesta abarcaría varios volúmenes. En realidad, se han escrito literalmente varios libros. En artículos de revistas científicas de todo el país, en todas las bibliotecas universitarias de la nación, usted encontrará miles de estudios que analizan los beneficios del matrimonio desde diferentes perspectivas. Los científicos sociales han estado ocupados por décadas, intentando cuantificar y medir exactamente lo que les pasa a quienes se convierten en marido y mujer.

En este capítulo no podemos reconocer todos los estudios que han contribuido a contestar esta interesante pregunta. No es el lugar apropiado. Dejaremos de lado la enumeración de literatura académica para circunscribirnos a los aspectos fundamentales. En este capítulo mostraremos cómo un buen matrimonio hace que la gente sea más feliz, más saludable y más pudiente. Son hechos que ningún científico social puede rebatir. Sin embargo, antes de cerrar este capítulo y este libro, quisiéramos dejarles con un último pensamiento adicional. Tiene que ver con las bondades que resultan de un buen matrimonio: Algo que los científicos sociales todavía no han podido medir ni cuantificar. Y posiblemente nunca lo puedan hacer.

Un buen matrimonio hace feliz a la gente

Como profesor universitario, yo (Les) he dictado cursos de sicología por más de una década. Durante la mayor parte de estos años he utilizado un libro de texto escrito por un caballero muy amable, el Dr. David Myers, de la Universidad Hope en Michigan, quien en más de una ocasión ha realizado un esfuerzo especial por visitar mi clase de aproximadamente cien estudiantes, a fin de dar una conferencia como invitado. En realidad, lo invito más para mi beneficio que para el de los estudiantes. Dave es sin duda una de las personas más versadas del mundo en sicología, y aprecio las oportunidades que he tenido para beneficiarme de su conocimiento. En cierta ocasión, sabiendo que gran parte de mi investigación y de mis escritos se centraban en el matrimonio, Dave me comentó un trabajo que estaba haciendo con respecto a la felicidad. Su mente rebosaba de datos y estadísticas sobre los factores que producen felicidad.[1] Después de escucharlo hablar de los vericuetos de la felicidad en la siquis humana, al fin le hice una pregunta aguda: «¿Se puede hacer algo para garantizar la felicidad de las personas?»

Rápidamente me contestó: «No se puede garantizar, pero lo que asegura más la felicidad en la vida de alguien es el matrimonio».

El Dr. Myers no es el único en afirmar esto. Expertos en esta materia están de acuerdo en que a todo buen matrimonio le esperan sorprendentes emociones. Hasta parejas no muy afortunadas se benefician, pero para quienes tienen un buen matrimonio, los beneficios son realmente extraordinarios. Estudios llevados a cabo durante varios años en la vida de las personas prueban que el matrimonio es beneficioso para la salud emocional. Mujeres y hombres casados, por ejemplo, manifiestan menos dificultades emocionales que los solteros, divorciados o viudos. Es decir, en general muestran menos casos de depresión, menor ansiedad, y menor número de problemas sicológicos.[2] Más importante aún, las personas que gozan de un buen matrimonio se divierten más. El estado civil de una persona es un indicador fiable para predecir la felicidad. En una encuesta de catorce mil adultos durante un período de diez años, se encontró que el 40% de las personas casadas decían sentirse «muy felices» con su vida en general, en comparación con menos del 25% de personas solteras o en cohabitación (solo el 18% de los divorciados caen dentro de esta categoría).[3]

¿Quieren otro indicador de la felicidad en las parejas? ¿Qué de las relaciones sexuales? La verdad es que un buen matrimonio implica buenas relaciones sexuales. En un estudio tras otro se demuestra que las personas casadas tienen más y mejores relaciones sexuales que las solteras.[4] Contrariamente a los chistes gastados sobre la supuesta falta de sexo, o de relaciones sexuales aburridas en el matrimonio, las parejas casadas son las personas sexualmente más satisfechas del mundo. No solo tienen relaciones sexuales más frecuentes, sino que las disfrutan más, tanto física como emocionalmente, que las parejas sin compromiso. Más sorprendente aún es que las personas casadas que concurren semanalmente a la iglesia, tienen más probabilidad de estar sexualmente satisfechas que las parejas casadas con valores menos tradicionales.[5] El matrimonio, entonces, no sofoca el fuego de la pasión; es el oxígeno que alimenta el fuego sexual.

UN BUEN MATRIMONIO ES SALUDABLE

Hace unos meses yo (Les) viajaba de Seattle a Washington D. C., cuando un hombre al otro lado del pasillo se quedó sin aire, se agarró el pecho, y cayó al piso.

—¿Hay un médico a bordo? —gritaba frenéticamente la mujer a su lado.

Era evidente que el hombre tenía un dolor intenso en el pecho. Por suerte, apareció un médico, y él y yo llevamos al hombre a la parte delantera del avión. El médico pidió al piloto que dirigiera el vuelo a Denver, el aeropuerto más cercano, donde el equipo de emergencia estaría esperando.

—¿Qué necesita el hombre mientras tanto? —preguntó una azafata preocupada.

—A su esposa —replicó el médico.

Rápidamente llevaron a la esposa al lado del hombre. Ella se recostó en el piso a su lado, le sostuvo la mano, y le acarició el rostro.

—Por el momento este es el mejor medicamento —me dijo el galeno al oído.

No conozco el final de la historia de ese hombre. Espero que le haya ido bien. Lo que sí sé es que la clase de médico que conocí ese día sabía lo que estaba haciendo cuando trajo a la esposa del paciente para que estuviera al lado de su marido. Investigaciones muestran que su cónyuge literalmente puede salvarle la vida. Un estudio lo resumía del siguiente modo: «En comparación con las personas casadas, los no casados... tienen mayor índice de mortalidad que los casados: 50% más alto en las mujeres, y 250% más alto en los hombres».[6] Las personas no casadas son más propensas que las casadas a morir por diversas causas, incluyendo enfermedades coronarias del corazón, cáncer y accidentes automovilísticos.

Un buen matrimonio no solo protege la vida, también protege la salud. De acuerdo con investigaciones, los casados se sienten físicamente más saludables que los divorciados, separados o viudos.[7] Mujeres y hombres casados tienen menos probabilidad de sufrir enfermedades crónicas o incapacidades que quienes son solteros.[8]

¿Cómo puede un certificado de matrimonio o un anillo de bodas ser tan determinante para la salud física? La respuesta la encontramos en algo que los científicos sociales llaman respaldo social, y que algunos esposos y esposas conocen como «estar pendiente del otro todo el tiempo». Las personas casadas se cuidan entre sí. Nos aseguramos que nuestro cónyuge duerma bien, haga suficiente ejercicio, coma saludablemente, y otras cosas más. Según un estudio, ocho de cada diez hombres casados dicen que sus esposas les han recordado hacer algo para proteger su salud.[9] La cuestión es que un buen matrimonio redunda en buena salud. Pero las bondades de un buen matrimonio no terminan ahí.

UN BUEN MATRIMONIO PRODUCE RIQUEZA

«¿Cuáles son algunos de los mitos más comunes del matrimonio?» Solemos hacer esta pregunta en algún momento durante los seminarios de fin de semana. Las parejas conversan juntas uno o dos minutos y luego empiezan a levantar la mano. Casi como si se tratara de un mecanismo de relojería, alguien grita: «¡Dos personas pueden gastar lo mismo que una!» Por supuesto, se dice esto como si fuera una broma, pero en verdad es más realidad que mito. En comparación con los solteros, los casados son más pudientes. En particular, los hombres casados ganan más dinero que los solteros; las esposas son económicamente más solventes que las mujeres solteras, porque a pesar de que sus ingresos personales puedan ser menores, comparten los de sus esposos.

¿Pueden dos personas gastar lo mismo que una sola? No exactamente, pero casi. Después de todo, las personas casadas comparten muebles, un televisor, un equipo de sonido, una línea telefónica. Para gozar del mismo estilo de vida que un individuo que vive solo, gastan menos por persona. En otras palabras, en virtud de estar casadas, desde el punto de vista financiero son más solventes. Además, cuanto más tiempo permanezcan casadas, más riqueza acumulan. Por el contrario, la duración de una relación de una pareja que cohabita no incide en la acumulación de riqueza.[10]

¿Por qué el matrimonio tiene un impacto tan fuerte en las cuentas bancarias? Porque nos invita a ser más responsables. Linda Waite y Maggie Gallagher lo plantean del siguiente modo en su útil libro *The Case for Marriage* [Argumentos en favor del matrimonio]: «Cuando a una persona soltera le asalta el impulso de derrochar en lugar de ahorrar, sólo le incumbe a ella. Pero cuando una persona casada piensa en derrochar, también tiene que pensar cómo explicar esto a su cónyuge».[11] Por este mismo motivo, cuanto mejor casado esté alguien, más factible será que la pareja sea más responsable con sus finanzas. Los integrantes de buenos matrimonios tienen el dinero en común, comparten gastos, se dividen tareas, y se controlan mutuamente para evitar gastos impulsivos; así fomentan más oportunidades para el ahorro. Esto ha conducido a algunos expertos en finanzas a afirmar que un buen matrimonio es literalmente el activo financiero más importante de alguien.

> **Buena esposa y salud son la mayor riqueza de un hombre.**
>
> BENJAMIN FRANKLIN

¿Cuáles son, entonces, las bondades de un buen matrimonio? Expresado en pocas palabras, un buen matrimonio nos ayudará a vivir más, a gozar de mejor salud, a ser más felices y más pudientes. No está mal. Pero todavía hay otra razón para lidiar con las dificultades que atacan un buen matrimonio. Es el mejor motivo de todos.

PENSAMIENTO FINAL ACERCA DE LOS BUENOS MATRIMONIOS

Al comienzo de este libro mencionamos la relación entre Jack y Rose, los protagonistas de la película *Titanic*. Queremos terminar con otra historia que también tuvo lugar durante esa misma travesía fatídica.

Esta historia, sin embargo, es verdadera. Se refiere a Isidor e Ida Strauss, quienes emigraron a Estados Unidos, pasaron penurias y ahorraron todo lo que pudieron en el nuevo mundo, hasta hacerse de un nombre. Establecieron una pequeña tienda por departamentos en la ciudad de Nueva York, y la llamaron Macy's.

En ese día funesto de abril de 1912, los Strauss estaban disfrutando unas muy merecidas vacaciones, y eran la imagen del romanticismo mientras caminaban por las cubiertas del trasatlántico de lujo. Más tarde en la noche, durante su viaje inaugural por el Océano Atlántico, sin embargo, sabemos que el *Titanic* se estrelló contra el iceberg que flotaba debajo de la superficie del mar.

Mientras las personas corrían para salvar sus vidas, Isidor e Ida Strauss caminaban tranquilamente por la cubierta, analizado la situación antes de acercarse finalmente a un bote salvavidas con mujeres y niños abordo. Cuando la señora Strauss subía al bote salvavidas, se detuvo, cambió de idea, y se dirigió hacia su marido.

—Donde tú vayas, yo voy —le dijo.

Los miembros de la tripulación intentaron convencer a la mujer que estaba cometiendo un error. Ida no les prestó atención. Un miembro de la tripulación se dirigió entonces al viejo señor Strauss.

—Estoy seguro de que nadie se opondría a que un viejo caballero como usted subiera a bordo —dijo.

Pero Isidor era tan testarudo como su mujer.

—No voy a subir antes que los demás hombres —contestó.

Fin del asunto. Ninguno se iría sin el otro, y ninguno partiría. Los ancianos caminaron hasta dos sillas de la cubierta, se sentaron juntos, y aguardaron lo inevitable.

¿Cuántos de nosotros daríamos nuestro lugar en un bote sal-vavidas para sentarnos en una silla de la cubierta del *Titanic* junto al ser amado? Tenemos la impresión de que ustedes lo harían. Quisiéramos creer que nosotros también. Lo haríamos por las inigualables bondades recibidas del matrimonio. Lo haríamos por el otro.

En el primer capítulo dijimos que todos los matrimonios comienzan bien. Y así es. El día de la boda los matrimonios parecen indestructibles, más sólida y fuertemente soldados que los remaches que mantenían unido al Titanic, que parecía «imposible de hundir». Pero en el trayecto, todos nos daremos contra un iceberg: ocupaciones, irritabilidad, deudas, aburrimiento, dolor, falta de satisfacción sexual, deshonestidad, adicciones, infidelidad, pérdidas, o cualquier otra calamidad. Todo esto a veces es suficiente para que muchos simples mortales abandonen el barco. Pero nosotros no lo haremos. Ustedes tampoco. No habrían leído este libro si su opción fuera renunciar.

Puesto que las bondades de un buen matrimonio son demasiado buenas para desechar, nos dirigimos a nuestro cónyuge, y decimos: «Donde tú vayas, yo voy».

Y eso no está nada mal.

PARA REFLEXIONAR

➤ Frederick Buechner dice: «Un matrimonio hecho en el cielo es aquel donde hombre y mujer se enriquecen juntos en gran manera, más que si cada uno se las hubiera arreglado por su cuenta». ¿Cómo se han «enriquecido» ustedes gracias a su matrimonio?

➤ Investigaciones han demostrado que gracias al matrimonio las personas son física y emocionalmente más saludables, y económicamente más solventes. Las bondades de un buen matrimonio, por supuesto, brindan una bendición singular a cada pareja. De estas tres categorías, ¿cuál es la bendición que ustedes más valoran y por qué?

➤ Algunas personas encuentran extremadamente eficaz llevar un registro con motivos de agradecimiento. ¿Creen ustedes que dicho ejercicio, aplicado a su matrimonio, los haría valorar más su relación? Sin duda. Podrían tenerlo en cuenta, pero por el momento, ¿cuáles son los dos o tres aspectos que más valoran de su relación conyugal?

www.whenbadthingshappen.com

Para más información sobre recursos relacionados con este libro, consulte la página web www.whenbadthingshappen.com. También puede consultarla para leer o contar sus propias historias para «Solución a problemas de la vida real».

Esta página proporciona más información y permite comprar el folleto de ejercicios prácticos para esposo y esposa, así como la versión del libro en casete y el video (en inglés) para estudio en grupo. También encontrará un vínculo a la página principal de Les y Leslie, www.RealRelationships.com, con información sobre otros recursos didácticos y su calendario de conferencias.

Los doctores Les y Leslie Parrott son codirectores del Centro para el Desarrollo Relacional de la Universidad del Pacífico en Seattle, un programa innovador dedicado a la enseñanza de los factores básicos para una buena relación. Les Parrott es profesor de sicología clínica, y Leslie es terapeuta conyugal y familiar, ambos en la Universidad del Pacífico en Seattle.

Los Parrott son autores de libros galardonados, *Saving Your Marriage Before It Starts* [Cómo rescatar el matrimonio antes de que empiece], *Becoming Soul Mates* [Cómo llegar a ser almas gemelas], *Mentoring Engaged and Newlywed Couples* [Guía para parejas comprometidas o recién casadas] (programa de videos), *Questions Couples Ask* [Preguntas que hacen las parejas] y *Getting Ready for the Wedding* [Preparación para la boda]. Son conferencistas muy requeridos por su manera de cautivar a la audiencia; además han publicado artículos en varias revistas populares. Su labor en el ámbito de las relaciones ha recibido mención en *USA Today* y *New York Times*, así como en los programas de CNN, *Good Morning America* y Oprah. En la actualidad, Les y Leslie participan como «embajadores matrimoniales» del gobernador en el Programa para Matrimonios de Oklahoma, una iniciativa para los próximos diez años.

Visiten la página web de los Parrott:

www.RealRelationships.com

Capítulo 1: Todos los matrimonios comienzan bien

1. Sheldon Vanauken, *A Severe Mercy* [Una severa misericordia], Harper and Row, Nueva York, 1977.

2. K. Kayser, *"The Process of Marital Disaffection"* [El proceso de descontento marital], *Family Relations 39*, 1990, pp. 257-65.

3. Mike Mason, *The Mystery of Marriage* [El misterio del matrimonio], Multnomah Press, Portland, Ore., 1985.

Capítulo 2: ¿Por qué todos los buenos matrimonios tropiezan con conflictos?

1. J.M. Gottman y J. Gottman, "The Marriage Survival Kit: A Research-Based Marital Therapy" [Equipo de sobrevivencia conyugal: Terapia marital basada en la investigación] *Preventive Approaches in Couples Therapy*, ed. Rony Berger y Mo Therese Hannah, Brunner/Mazel, Philadelphia, Penn., 1999.

Capítulo 3: Tres aspectos buenos que se estropean en algunas parejas

1. Traducción libre: Kahil Gibran, *The Prophet* [El Profeta], Alfred A. Knopf, Nueva York, 1955, pp. 15-16.

2. John Gottman y N. Silver, *The Seven Principles for Making Marriage Work* [Los siete principios para que el matrimonio funcione], Crown Publishers, Nueva York, 1999.

3. Íbid.

4. Patricia Love y Jo Robinson, *Hot Monogamy* [Monogamia Ardiente], Plume, Nueva York, 1999.

5. D.W. Winnicott, *Maturational Processes and the Facilitating Environment: Studies in the Theory of Emotional Development* [Procesos de maduración y entornos facilitadores: Estudios y teoría del desarrollo emocional], International Universities Press, Nueva York, 1965.

Capítulo 4: Algo malo que todos los buenos matrimonios pueden mejorar

1. Chuck Swindoll, *Improving Your Serve* [Cómo mejorar su servicio], Word, Waco, Tex., 1981.

2. Viktor Frankl, *Man's Search for Meaning*, Simon & Shuster, Nueva York, 1984.

3. Nell Mohoney, "Beliefs Can Influence Attitudes" [Las creencias pueden influir en las actitudes], *Kinsport Times News*, julio 25, 1986: 4B.

4. Alan Loy McGinnis, *The Balanced Life* [Vida Equilibrada], Augsburg, Minneapolis, 1997, p. 53.

Capítulo 5: Seis conflictos que acechan a los buenos matrimonios

1. Wayne M. Sotile y Mary O. Sotile, "Working Fewer Hours Doesn't Ensure a Happy Marriage" [Trabajar menos horas no garantiza un matrimonio feliz], *USA Today*, febrero 1, 1999.

2. Citado por Dean Ornish, *Love and Survival* [Amor y Supervivencia], Harper-Collins, Nueva York, 1998, p. 96.

3. Alain Sanders, "Jobs vs. Family" [Trabajo contra Familia], *Time*, diciembre 13, 1999, p. 63.

4. Ron y Judy Blue, *Money Talks and So Can We* [Poderoso caballero es don dinero, y nosotros también], Zondervan, Grand Rapids, 1999, p. 68.

5. C. Crosby, "Financial Gain, Less Pain" [A mayor ganancia financiera, menos dolor], *Marriage Partnerships*, invierno 1999, p. 51.

6. G.P. Parker, E.A. Barrett y I.B. Hickie, "From Nurture to Network: Examining Links Between Perceptions of Parenting Received in Childhood and Social Bonds in Adulthood" [De la crianza del niño a la creación de redes: Estudio de conexión entre percepciones de la paternidad recibida en la niñez y los vínculos sociales en la edad adulta], *American Journal of Psychiatry 149, 1992*, pp. 877-85.

Capítulo 6: Cuatro aspectos negativos que sacuden profundamente a buenos matrimonios

1. Que quede bien claro que cualquiera que sufra de una adicción necesita tratamiento. Las adicciones son problemas graves y

requieren intervención profesional. Si usted o su cónyuge lucha contra el alcoholismo, la drogadicción, o cualquier otro tipo de dependencia, sepan que no se trata de un problema que se solucionará gradualmente. Los adictos necesitan ayuda profesional. Si los programas de tratamiento sin hospitalización no han dado buen resultado, posiblemente necesiten tratamiento intensivo en un hospital con personal profesional y debidamente capacitado. Además, muchos adictos en recuperación encuentran que los programas sicoeducacionales les brindan un tremendo respaldo para ayudarlos a mantenerse sobrios. El más conocido y extendido de estos programas es Alcohólicos Anónimos, con más de un millón de asociados. El programa de «doce pasos», y la filosofía de «un día a la vez», se han aplicado con buenos resultados en el tratamiento de diversas adicciones. Usted puede encontrar un centro en su localidad buscándolo en la guía de teléfonos.

2. K.S. Peterson, "Affairs" [Aventuras Amorosas], *USA Today*, diciembre 21, 1998.

3. Frank Pittman, *Private Lies: Infidelity and the Betrayal of Intimacy* [Mentiras privadas: infidelidad y traición a la intimidad], Norton, Nueva York, 1989, pp. 121-25.

4. Beth Cooper-Hilbert, "The Infertility Crisis" [La crisis de la infertilidad], *Networker*, noviembre/diciembre 1999, pp. 65-76.

5. A la larga, casi cincuenta por ciento de esas parejas podrá concebir y tener un hijo, las parejas restantes tendrán que afrontar el dilema de la adopción.

Capítulo 7: Cómo lidian los buenos matrimonios con las cosas malas

1. Nuestro entendimiento de la esperanza y de sus ingredientes se ha formado en gran parte por los escritos y charlas de Lewis Smedes del Seminario Teológico Fuller.

2. Lewis Smedes, *Standing on the Promises* [Firmes en las promesas], Nelson, Nashville, 1998, p. 7.

3. Karl Menninger, "Hope" [Esperanza], en *The Nature of Man*, ed. Simon Donier, Harper and Row, Nueva York, 1962, p. 186.

4. Beth Azar, "Defining the Trait That Makes Us Human" [Definición del rasgo que nos hace humanos], *APA Monitor* 28, 1997: 1.

5. Doug Kingsriter, "A Husband's Confession" [Confesión de un marido], *Christian Herald*, mayo/junio de 1991, p. 52.

6. Lewis Smedes, *The Art of Forgiveness* [El arte de perdonar], Moorings, Nashville, 1996.

7. Gordon MacDonald, "How to Experience Forgiveness from the Heart" [Cómo experimentar perdón de corazón], *Christian Herald*, marzo/abril de 1991, p. 19.

8. Al perdonar una inmoralidad en el matrimonio, la mayoría de nosotros debemos recordar que el perdón es como la pesadumbre. Se puede curar la herida del dolor y del enojo, pero un recuerdo puede reabrir la herida. Lo importante no es haber perdonado sino estar en el proceso de perdonar.

9. Scott Stanley, *The Heart of Commitment* [El corazón del compromiso], Nelson, Nashville, 1998.

Capítulo 8: ¿Por qué a menudo un buen matrimonio nos duele en el alma?

1. Gary Thomas, *Sacred Pathways: Discover Your Soul's Path to God* [Sendas sagradas: descubre la senda de tu alma hacia Dios], Zondervan, Grand Rapids, 2000.

2. No es una coincidencia que a menudo nuestros amigos Neil y Marylyn nos inspiren. Ellos escribieron un libro sobre este tema. Literalmente. El mismo día que le regalaron el triciclo a nuestro bebe John, Neil nos dio un ejemplar de su maravilloso libro *Catching the Rhythm of Love* [Tome el ritmo del amor], Nelson, Nashville, 2000, donde escribe muy elocuentemente acerca de esta cualidad y muchas otras.

Capítulo 9: Las bondades de un buen matrimonio

1. David G. Myers, *The Pursuit of Happiness: Discovering the Pathway to Fulfillment, Well-Being, and Enduring Personal Joy* [La búsqueda de la felicidad: descubra el camino a la realización, el bienestar y el gozo personal duradero], Avon, Nueva York, 1993.

2. John Mirosky y Catherine E. Ross, *Social Causes of Psychological Distress* [Causas sociales de la angustia sicológica], Aldine De Gruyter, Nueva York, 1989.

3. James A. Davis, "New Money and Old Man/Lady, and `Two's Company': Subjective Welfare in the NORC General

Social Surveys, 1972-1982" [Dinero nuevo y el viejo/la vieja, y 'Dos son compañía': Bienestar subjetivo en las encuestas sociales generales de NORC], *Social Indicators* Research 15, 1984, pp. 319-50.

4. Scott Stanley y Howard Markman, *Marriage in the Nineties: A Nationwide Random Phone Survey* [El matrimonio en la década de los noventa: Encuesta telefónica aleatoria nacional], Prep Inc., Denver, Colorado, 1997.

5. William R. Mattox, Jr., "What's Marriage Got to Do with It: Good Sex Comes to Those Who Wait" [¿Qué tiene que ver el matrimonio?: Buenas relaciones sexuales para los que saben esperar], *Family Policy*, febrero 1994, pp. 1-7.

6. Catherine E. Ross, John Mirowsky y Karen Goldsteen, "The Impact of the Family on Health: Decade in Review" [El impacto de la familia en la salud: Reseña de una década], *Journal of Marriage and the Family* 52, 1990, 1061.

7. Beth A. Hahn, "Marital Status and Women's Health: The Effect of Economic Marital Acquisitions" [Estado civil y salud de la mujer: Efecto de los bienes económicos en el matrimonio], *Journal of Marriage and the Family* 55, 1993, pp. 495-504.

8. Mike Murphy, Karen Glaser y Emily Grundy, "Marital Status and Long-term Illness in Great Britain" [Estado civil y enfermedades crónicas en Gran Bretaña], *Journal of Marriage and the Family* 59, 1997, pp. 156-64.

9. Ebra Umberson, "Family Status and Health Behaviors: Social Control as a Dimension of Social Integration" [Condición social de la familia y conductas de salud: Control social como factor de integración social], *Journal of Health and Social Behavior* 28, 1987, pp. 306-19.

10. Ronald R. Rindfuss y Audre VandenHeuvel, "Cohabitation: Precursor to Marriage or Alternative to Being Single?" [Cohabitación: ¿Paso previo al matrimonio o alternativa a la soltería?], *Population and Development Review* 16, 1990, pp. 703-26.

11. Linda J. Waite and Maggie Gallagher, *The Case for Marriage* [Argumentos a favor del matrimonio], Doubleday, Nueva York, 2000, p. 116.

Nos agradaría recibir noticias suyas.
Por favor, envíe sus comentarios sobre este libro
a la dirección que aparece a continuación.
Muchas gracias.

ZONDERVAN

Editorial Vida
7500 NW 25 Street, Suite 239
Miami, Florida 33122

Vidapub.sales@zondervan.com
http://www.editorialvida.com